KB140914

리더의 안목

당신은 눈앞의 인재를 알아볼 수 있는가

리 더 의
안 목

오노 다케히코 지음 | 김윤경 옮김

THE ART OF SELECTING PEOPLE

흐름출판

안목의 힘은
더욱 중요해질 것입니다

《리더의 안목》을 집어주셔서 감사합니다. 이 책이 한국어판으로 출간되어 많은 분이 읽게 된다니 무척 기쁩니다. 먼저 사적인 이야기로 말문을 떼겠습니다. 저는 개인적으로 한국과 한국인에게 친근감을 느끼고 있습니다. 대학생 시절, 캐나다 몬트리올로 유학 생활을 한 저는 원래부터 서양 문화에 대한 동경이 있었습니다. 때문에 미국이나 유럽 친구들과 적극적으로 교류를 이어나갔죠. 하지만 결국 가장 친하게 지낸 친구는 한국에서 온 학생들이었지요.

상대를 대하는 예의범절, 동시에 웃어버리곤 하는 웃음 포인트 등이 참 비슷하다는 것이 가장 큰 계기였던 기억이 납니다. 이처럼 전 세계 여러 인재들을 만나고 경영진들의 고민을 듣다 보면 늘 한국과 일본은 닮은 점이 많다는 생각을 합니다. 기업 내 경직된 문화라든지 과감하게 도전을 하기보다는 적당한 학력과 경험을 갖춘 인재를 채용하는 게 낫다는 조직 풍토 등이 그것이 지요.

《리더의 안목》에 지금까지 겪은 비즈니스 경험과 깨달음을 간결하게 정리했습니다. 저는 리더가 성공을 손에 거머쥐려면 기막힌 아이디어나 원활한 자금 융통보다 '누구와 함께 일할 것인지' 가 훨씬 더 중요하다고 확신합니다. 이는 국적을 불문하고 만국 공통의 진리가 아닐까요.

그러나 인재를 알아보는 안목을 기르는 것은 생각보다 쉽지 않습니다. 누구도 제대로 알려주지 않았기 때문입니다. 학업을 끝마치고 회사에 들어가, 어느덧 시간이 흘러 리더의 자리에 오르게 됩니다. 한 부서의 리더, 한 기업의 리더는 그렇게 아무런 준비가 되지 않은 상태에서 면접관이 되어 함께 일할 사람을 발탁해야 하죠. 아무런 교육도 받지 못한 채, 선배들이 하는 말과 (몇 년의) 경험만으로 인재가 될 재목인지를 판단하게 됩니다. 그렇기에 눈앞의 좋은 후보자를 가려내지 못하고, 발전가능성이 없는 인물을 채용하는 등 생산성 없는 일을 반복합니다.

하지만 세상이 바뀌었습니다. 3년 뒤의 미래가 어떻게 바뀔지 아무도 예측하지 못하는 시대가 됐습니다. 지금 터득한 기술이 내후년에는 무용지물이 될 수도 있습니다. 그렇기 때문에 더더욱 인재를 알아보는 안목이 중요합니다. 끝없이 발전하고자 하는 욕심이 있는 인물, 성장가능성이 큰 인물, 올바른 사고방식을 지닌 인물을 채용해야 합니다.

《리더의 안목》에는 이곤젠더를 비롯해 세계적인 기업들, 그리고 성장을 거듭하는 스타트업에서 익힌 사람을 읽어내는 법을 담았습니다. 이 책이 한국에서 비즈니스를 하는 모든 분에게 일터는 물론이고 사적으로도 다양한 상황에서 인재를 고르고 동료를 찾는 데 도움이 되기를 바랍니다. 여러분이 인재 선별의 중요성을 이해하고 적합한 인재와 더불어 성장해 나가면서 목표를 달성하고 성공하는 데 일조할 수 있다면 더할 나위 없이 기쁠 것입니다.

마지막으로 《리더의 안목》이 한국어로 번역되어 출간될 수 있도록 도와주신 모든 분에게 깊은 감사의 말씀을 올립니다. 앞으로도 더욱 큰 성장과 발전을 향해서 정진하겠습니다.

2024년 6월

오노 다케히코

서장

모든 것은
리더의 안목에서
비롯된다

당신은 사람을 볼 줄 아는가?

이 책을 펼친 당신에게 질문을 하겠다.

질문 ① 당신은 '사람을 보는 눈'이 있는 편인가?

질문 ② 만약 '사람을 보는 눈'을 기르는 과학적인 방법이 있다면 배우고 싶은가?

사내외에서 중요한 직무를 맡은 리더들에게 위 질문을 똑같이 던졌다. 이들 모두 많은 직원을 이끈 경험이 있는 리더들이었고 개중에는 저명한 경영자도 있었다.

답변을 정리하면 다음과 같다. 당신은 '사람을 보는 눈'이 있는 편인가? 하는 질문에는 응답자의 60퍼센트 이상이 '나는 사람 보는 눈이 있다.'라고 대답했다. 예상보다 높은 비율이었고 그렇다면 두 번째 질문에 대한 관심은 낮을 것으로 예측했다. 그런데 예측과 달리 두 번째 질문에 **80퍼센트가 넘는 응답자가 '관심이 있다.'라고 대답했다.**

이 결과는 무엇을 의미하는 걸까? 설문 조사에 응한 모집단母集團은 앞서 언급했듯이 비즈니스 사회에서 성공 가도를 달리고 있는 사람들이다. 직원을 통솔하고 관리한 경험이 많으며 사람에 관한 견식도 풍부하다. 스스로 사람 보는 능력을 충분히 갖추었다고 자부하리란 것을 짐작할 수 있다.

그런데도 그 능력을 과학적으로 향상시킬 수 있다면 배우고 싶어 한다는 사실이 무척 흥미롭다. 사회적으로 성공한 사람이라도 **인재를 알아보는 안목을 높이는 데 관심이 컸다.** 그리고 그 이유에 대해 다음과 같이 답했다.

- 채용 면접 때 좋은 후보자를 알아볼 능력을 갖추고 싶어서.
- 발전 가능성이 높은 직원을 찾아내기 위해서.
- 믿었던 사람에게 속았을 때의 충격과 손실이 크기 때문에.
- 사이코패스 기질이 있는 사람을 미리 알아보지 못해 잘못된 판단을 내릴 때가 있어서.

- 굉장히 유능하지만 상식에서 벗어난 행동으로 물의를 빚은 사람을 채용한 경험이 있어서.
- 업무 외의 일로 분쟁이 계속되다 보니 어떻게 하면 인간성을 꿰뚫어볼 수 있는지 고민되어서.
- 직감에 의존한 인재 평가는 리스크가 높아서.
- 인재를 객관적으로 판단할 수 있는 사람이 정말 드물어서.
- 영업할 때 끈질기게 물고 늘어져도 소용없는 상대를 재빨리 알아보고 싶어서.

위 답을 들으니 이 책에서 해결해야 할 문제가 선명하게 떠올랐다. 또한 이 답변들이 던져주는 시사점을 발견했다. 세상에는 사람을 마주했을 때 **우열의 판단**과 **선악의 판단**이라는 다른 두 가지 종류의 판단이 필요하다는 사실이다. 이 두 가지 판단 기준은 방향성이 완전히 다르지만 모두가 굉장히 절실한 고민거리다.

우리는 평소에 "저 사람은 사람 보는 눈이 있어." 반대로 "사람 보는 눈이 없네." 같은 말을 자주한다. 비즈니스 현장뿐 아니라 일상 속에서도 많이 쓴다. 하지만 이 책에서 말하는 **본다**는 것은 단지 눈으로 보는 것이 아니라, 사람을 제대로 꿰뚫어보고 판단해 **고른다**는 의미다. 시각뿐만 아니라 여러 가지 감각을 동원해 세심하게 상대에게 시선을 집중한다는 뜻을 내포한다.

우열의 판단이 필요한 경우	선악의 판단이 필요한 경우
• 좋은 후보자를 알아볼 능력을 갖추고 싶다. • 가르쳐서 발전할 가능성이 높은 직원을 알아보고 싶다. • 인재 평가가 직감에 의존해 이루어지고 있어서 리스크가 높다. • 인재를 객관적으로 판단할 수 있는 사람이 드물다.	• 속았을 때의 손실이 크다. • 사이코패스 기질이 있는 사람을 미리 간파하지 못해 잘못된 판단을 내리는 일을 피하고 싶다. • 좋은 사람이라고 생각해 채용했는데, 일은 잘하지만 괴짜스럽거나 상식에서 벗어난 행동을 해서 난감하다. • 업무 외의 일로 분쟁을 일으키는 사람이 계속 나오다 보니 어떻게 하면 인간성을 꿰뚫어볼 수 있을지를 알고 싶다.

안목은 단련할 수 있을까?

앞서 리더들의 답변을 읽고 '맞아, 맞아!' '진짜 공감되네!' 하며 고개를 끄덕끄덕한 분도 많을 것이다. 하지만 아무리 애를 써도 타인의 진정한 능력을 알아보기란 쉽지 않다. 그뿐인가? 선한지 악한지도 좀처럼 파악하기 어렵다. 그러니 나름의 방식대로 판단하게 되는 건 어쩔 수 없다.

또 이렇게 포기하고 있는가? 여기서 한발 물러서서 생각해보

자. 사람을 판단하는 행위는 조직의 미래나 한 사람 한 사람의 인생을 좌우할 정도로 큰 영향을 미치는 매우 중요한 결정이다. 그런데도 많은 사람이 그 중요한 판단을 경험이나 감에 의존하고 있다. 나 또한 예전에는 그러했다.

"입사한 지 얼마 안 된 직원이 또 그만뒀어.""이번에도 사람을 잘못 골랐어." 이런 선택 또한 인생이다. '케세라세라!'('될 대로 돼라' 또는 '어떻게든 되겠지'라는 뜻의 스페인어 – 역주) 하고 웃어 넘기기는 쉽지만, 넓은 시각으로 바라보면 이렇게 잘못된 선택의 반복은 한 사람의 인생에 그치지 않고, 사회 경제 전체에 커다란 손실을 끼친다. 그런데도 이 문제에 관련해서는 신뢰할 만한 정보나 실천 방법, 또는 훈련 방법이 제대로 알려져 있지 않으니 매우 걱정스러운 일이다.

혹시 인재를 알아보는 안목이란 게 결국 직감이나 센스의 문제고, 단련한다고 길러지는 게 아니라고 생각하고 있는가? 둘 다 틀렸다. **안목은 과학적으로 접근할 수 있고 훈련으로 기를 수 있다.** 나는 이러한 사실을 스위스에 본사가 있는 세계적 리더십 자문 기업 '이곤젠더Egon Zehnder'에서 배우고 실천하면서 체감했다.

세계 최고의 헤드헌팅 기업에서 배운 사람 읽는 법

비밀 결사. 이곤젠더는 이 말이 딱 들어맞는 회사다. 이곳은 대기업의 후계자 선정이나 경영진 발탁 같은, 회사의 운명을 좌우하는 C-레벨급 인선을 의뢰받아 실시하는 글로벌 헤드헌팅 기업이다. 주요 대상이 되는 인재는 1년에 약 1억 엔, 한화로 8억 원이상을 받는 경영 임원진이다. 당연하지만 이러한 인선에서 실패는 용납되지 않는다. "과거 실적으로 보아서는 임용되기 충분했는데 설마 귀사에서 이렇게까지 활약하지 못할 줄이야…. 사람을보는 눈이 없었습니다." 이렇게 사과하고 끝낼 문제가 아니다. 그렇기에 이곤젠더에서 일하는 컨설턴트들은 인재를 보는 안목을철저히 단련한다. 따라서 이곳은 사람 보는 눈을 기르는 트레이닝 방법도 명확하게 정립되어 있다.

나는 서른다섯 살에 이곤젠더의 일원이 되었다. 이 세계적 기업에서 약 10년간 일하면서 사람을 보는 눈을 단련하고 또 단련해왔다. 면담한 임원은 외국인을 포함해 국내외에 거주하는 여러분야의 경영 인재로, 그 수는 총 5000명이 넘는다. 또 업무의 일부에는 경영진 평가가 있었다. 이는 고객 기업 내의 사람들을 평가해 누가 장래성이 있는지, 어떤 사람을 등용해야 하는지를 조언하는 일로 대기업 고위층 간부들에게 깊숙이 파고들어 선별하는, 어찌 보면 약간 특수한 업무다. 서치 search, 즉 외부에서 인물을 찾아내 영입하는 헤드헌팅과는 방향성이 근본적으로 다르다.

조금 더 구체적으로 설명하자면 기업의 회장이나 사장 또는 지명 위원회로부터 '누가 차기 경영자로 적합한지 제삼자의 시점에서 조언해달라.'라는 의뢰를 받아 수행한다. 경영진 평가는 기업을 이을 사람을 외부에서 영입하는 것보다 오히려 간단하고 합리적이다. 하지만 이쪽이 인물의 훨씬 깊은 내면까지 파고들어야 한다.

경영진 평가는 **실패가 용납되지 않는 상황에서 평가받는 본인조차 알아차리지 못하는 심층 영역까지 들여다보고 그 사람의 본질과 가능성을 확인하는 일이다.** 이때 느끼는 부담감이나 요구되는 정확도는, 시속 300킬로미터 이상의 세계에서 치열하게 각축을 벌이는 세계 최대 빅 스포츠쇼 F1(포뮬러 자동차 경기 - 역주)과 같다고 해도 좋다.

만족스러웠던 이곤젠더에서의 10년을 정리한 뒤 나는 그곳에서 체득한 노하우를 사회에 활용할 수 없을지 남몰래 고민했다. 하지만 당연하게도 그런 특수한 세계에서 극히 국소적으로 발달한 '사람 보는 눈'을 일반 조직이나 기업에서의 인재 채용이나 사적인 만남과 친구 선별에 그대로 적용하기는 어렵다. F1 경주용 자동차로 공공 도로를 달리는 것이나 매한가지이기 때문이다. F1 자동차를 능숙하게 모는 능력은 일부 특수한 사람들에게 만 요구되는 것이므로 애초에 대부분의 사람들에게는 불필요하지 않은가. 그래서 나는 무리해서 책을 쓸 필요를 느끼지 못하고 주저하면서 세월을 보냈다.

이 책을 쓰기로 결심한 두 가지 이유

그러던 어느 날 마음을 터놓고 지내는 친구와 술을 마시러 갔다. 친구는 내 이야기를 다 듣고 나더니 불현듯 이런 말을 했다. "F1 자동차에서 기술이 발전된 덕분에 신뢰성 높고 연비 좋은 승용차용 엔진이 만들어진 거잖아." 그 말을 듣는 순간 비로소 퍼뜩 이런 생각이 머리를 스쳤다. '경영자를 가려낸다는 비록 한정된 용도지만, 안목을 높이는 기술을 정교하고 세련된 형태로 다듬어 수많은 사람이 사용할 수 있게 알기 쉬운 버전으로 해석해 세상에 소개한다면 이것이야말로 진정 의미 있는 일이 아닐까?' 그리고 '나라면 그 일을 할 수 있지 않을까?' 나라면 이 책을 쓸 수 있을 것이라고 생각한 데는 두 가지 이유가 있다.

이 책을 쓰기로 결심한 이유 ① 자진해서 퇴직한 사람이므로

첫째는 내가 드물게도 많은 이들이 선망하는 조직을 박차고 나온 사람이기 때문이다. 오랜 세월 특정한 직업에 종사하다 보면 자부심이 생기는데 그 자부심이 때때로 족쇄가 되기도 한다. 내가 여전히 이곤젠더에 속해 있었다면 일류 기업에서 일류 인재를 상대한다는 자부심이 강했을 것이다. 그렇기에 일반 기업과 일반 사람들을 대상으로 한 책을 집필하는 데는 어떠한 관심도, 동기도 느끼지 못했을 것이다. 게다가 이곤젠더를 포함해서 글로벌 서치펌을 그만두는 사람은 매우 적다(애초에 서치펌은 극히 규모가 적은 분야다).

왜 다들 그만두지 않는 걸까? 기업에는 경영전략팀, 법무팀 등 다양한 분야가 있는데, 서치펌 인사팀에서 근무하는 데는 한 가지 이점이 있다. 바로 인맥에 네트워크 효과가 작용한다는 점이다. 자신이 나이 들어갈수록 우수한 지인들이 점점 더 출세한다. 자신의 연령 증가와 사회적 영향력이 강한 정표의 상관 관계를 갖는 것이다.

나도 마지막에는 파트너(서치펌에서의 최상위 직책으로 공동 경영자를 가리킨다. – 역주)라는 최고 직위로 승진했는데 한 번 파트너가 되면, 전 세계를 둘러봐도 스스로 그만두는 사람은 거의 없다. 따라서 주위에서는 승진한 지 1년 만에 자진 퇴사한 나를 상당히 특이한 사람이라고 여겼을 것이 분명하다.

이 책을 써야 했던 더 큰 이유는 내가 이곤젠더에서 일하면서 배운 내용을 실전에 투입할 수 있었기 때문이다. 내 경력은 (스스로는 의도하지는 않았지만) 나선형 계단과 같은 모양을 이루고 있다. 한 분야의 전문가로서의 고문 역할, 회사의 관리 업무, 스타트업의 경영 직무를 오가며 일했다.(그림 1)

이곤젠더를 그만두게 된 계기는, 감사하게도 일본 최대의 온라인 패션 쇼핑몰 등을 운영하는 주식회사 조조ZOZO의 창업자 마에자와 유사쿠의 스카우트 제안이었다. 그곳에서 나는 다양한 국적의 인재 약 40명을 채용하고 최대 200명 정도의 조직을 관리하게 되었다. 글로벌 서치펌을 자발적으로 퇴직한 덕분에 사람을 보는 안목을 객관적으로 다시 살펴보고 실천해서 그 효과를 직접 확인했으며, 게다가 응용까지 했다는 점이 이 책을 쓰기로 결심한 첫째 이유다.

이 책을 쓰기로 결심한 이유 ② 주류가 아닌 자의 강점

둘째 이유는 내가 이곤젠더라는 조직에서 주류가 아니었기 때문이다. 전 세계 공통으로 이곤젠더의 컨설턴트는 뛰어난 경력을 지닌 정통파 엘리트 집단이다. 석박사 학위가 요구되며 경쟁사 출신은 채용하지 않는다. 입사 면접 때 얼마나 신중을 기하는지

그림 1. 나선 계단 모양의 경력

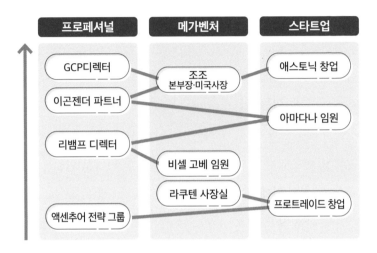

※역주

- GCP: 글로비스 캐피털 파트너스(Globis Capital Partners): 비즈니스의 지속적인 성장에 필요한 모든 것을 투자처에 종합적인 부가가치로서 제공하는 독립계 벤처 투자 회사.
- 리뱀프(Revamp Corporation): 경영 컨설팅 회사. 독자적인 사업 경영도 한다.
- 액센추어(Accenture PLC): 아일랜드에 본거지를 둔 글로벌 전문 컨설팅 회사.
- 주식회사 조조(ZOZO, Inc.): 일본 온라인 패션 쇼핑몰 등의 사업을 전개하는 회사.
- 비셀 고베: 일본 효고 현 고베시를 연고로 하는 J리그 축구 구단.
- 라쿠텐 그룹 주식회사(Rakuten Group, Inc.): 전자상거래, 금융, 부동산 등 다양한 인터넷 관련 서비스를 제공하는 일본 기업.
- 애스토닉(Astonick): 현역과 전 축구선수들이 만든, 디지털 세대를 위한 프로모션 기획, 실행 전문회사.
- 아마다나(Amadana Corp.): 일본의 디자인 가전 종합상사(브랜드명이기도 하다).
- 주식회사 프로트레이드(ProTrade): 인터넷상의 기업 간 중개 서비스를 제공하는 회사. 저자가 창업한 회사명.

는 유례를 찾아볼 수 없을 정도다. 면접 횟수는 최소 30회이며(3회를 잘못 쓴 게 아니다.) 반드시 본국 이외에 3개국의 사무소에서 평가를 받아야 하는 까다로운 규칙이 있다.

나는 이탈리아 밀라노와 스위스 취리히를 거쳐 최종적으로 영국 런던에서 입사 면접을 보았다. 런던 중심부에 있는 그린파크를 바라볼 수 있는 자그마한 앤티크 망원경이 놓인 세련된 회장실에서 당시 이곤젠더 인터내셔널 회장이었던 존 그램버가 마지막에 웃으며 이렇게 말했다. "자네는 이단아로군. 하지만 문제없네. 허용 범위 안에는 드니까."

나는 스물일곱 살에 처음으로 창업을 하고 비즈니스 세계의 '거리'에서 수없이 흙탕물을 뒤집어쓰고 숱한 좌절을 겪으며 걸어왔다. 양복을 빼입고 다녔던 시기는 첫 회사에 다니던 약 2년 반뿐이었다. 그 후로는 줄곧 번화한 젊음의 거리인 시부야, 하라주쿠, 롯폰기 부근에서 청바지에 운동화를 신고 일했으며 관청과 오피스 빌딩이 즐비한 가스미가세키, 오테마치, 마루노우치 거리와는 상당히 동떨어진 세계에 있었다.

한마디로 나는 왕도를 걸어온 엘리트가 아니다. 그래서 한 벌에 수백만 원이나 하는 양복을 입어야만 일할 수 있을 것 같은 일류 헤드헌터의 세계에서 일하는 것은 나로선 꽤나 큰 모험이었다. 입사한 후에도 한동안은 마치 디즈니랜드에 있는 듯한 기분이었으며 퇴사하는 날까지 분장을 하고 있는 듯한 느낌을 떨칠 수 없었다. 불안감을 감추기 위해 첫 프로필 사진을 촬영할 때는 도수 없는 안경까지 쓰고는 노련하게 보이려고 기를 썼다.

난 소위 중심에서 밀려나 있던 존재였다. 하지만 그렇기에 더욱 객관적일 수 있었다. 그런 비밀 결사단 같은 회사에서 아웃사이더 같은 존재였기에 더욱더 늘 그 환경을 당연히 여기지 않고 어떻게 활용해 나갈지를 자문하며 일해왔다. 그래서 내가 얻은 경험과 지식을 겸허하면서도 객관적인 자세로, 그리고 일부는 비판적으로 재검토하여 가능한 한 누구나 사용할 수 있는 형태로 편집해 널리 알리면 좋겠다는 생각이 든 것이다.

지금 나는 다시 '거리'의 세계로 돌아왔다. 현재는 일본 최대 벤처 캐피털 펀드사인 글로비스 캐피털 파트너스Globis Capital Partners에서 투자한 회사의 창업가들을 코칭하고 조직 개발을 지원하는 업무를 맡고 있다.

이 일을 시작한 지 3년이 지났는데 한 명이었던 팀원이 세 명으로, 세 명이 열 명으로, 그리고 열 명이 서른 명으로 늘어났다. 이렇게 거칠고 역동적인 환경의 스타트업에서도 아니, 어쩌면 그래서일지도 모르지만 이곤젠더에서 쌓은 경험과 노하우가 굉장히 큰 도움이 된다는 것을 절감하는 중이다.

특출난 엘리트들로 가득 찬 세계에서 시간적, 공간적으로 벗어나 일반 현장에서 사용해본 결과, 대기업뿐만이 아니라 스타트업이나 중소기업, 임원부터 일반사원, 아르바이트, 그리고 학생들에게까지 내가 이 책에서 제시하는 최고의 인재를 알아보는 기술을 충분히 적용할 수 있다는 사실을 확신하게 됐다.

결국 당신의 조직 생활이 즐거워질 것이다

왜 누구에게나 이 책이 필요하다는 데 생각이 미쳤을까? **사람을 보는 안목을 향상시키는 일은 소속된 조직이 활성화된다는 장점이 있다. 하지만 가장 큰 이점은 무엇보다 자기 자신이 행복해진다는 것이다.**

이는 과연 무슨 말일까. 우선 안목을 높이려면 '사람'을 꿰뚫어보는 능력을 길러야 한다. 그런 다음에 '이 사람은 이런 업무에 적합하겠어.' '이 사람이랑 결혼하면 화목한 가정을 이룰 수 있을 것 같아.' 하고 판단하는 능력이 요구된다. 이러한 능력을 기르기 위해 시행착오를 겪고 수정을 거듭한다.

이 과정 동안 자기 자신을 꿰뚫어보는 능력도, 판단하는 능력도 자연히 연마된다. 결국 자신을 깊이 이해하고 어떻게 능력을 살릴지를 판단할 수 있게 되는 것이다. 노자는 "타인을 아는 자는 지혜롭지만 자신을 아는 자는 명철하다."라는 말을 설파했다. 여기서 말하는 명철함은 지혜보다 한층 더 높은 단계로 간주된다. 즉 다른 사람을 아는 '지혜'도 중요하지만 자신을 아는 '명철함'이 더욱 가치 있다는 의미다.

자신을 이해하면 어떤 일이 일어날까? 자기 자신을 이해하는 것과 행복해지는 것에는 어떤 연관성이 있을까? 그것은 자기 인지가 가져오는 **있는 그대로의 행복의 재발견**이라는 말로 설명할 수 있다. "저는 이걸 잘 못합니다.""전 이걸 잘해요.""전 이런 긍정적인 면이 있습니다.""전 이럴 때 부정적 면모가 튀어나와요." 이렇게 자신을 이해하여 편견 없이 정확하게 객관적으로 알릴 수 있다면 자신에 대한 기대치와, 타인이 자신에게 갖는 기대치를 딱 알맞게 설정할 수 있다. 그러고 나서 노력해 조금이라도 더 기대치를 넘어선다면 자신도 주위 사람들도 기분이 좋아지고 만족하게 된다는 사고관이다.

만족하면 편안해진다. 편안해지면 긴장이 풀어져 쓸데없는 일에 힘을 빼지 않는다. 그 결과 인생이 더욱 순수하고 단순해진다. 인생이 자신의 체형에 딱 맞는 옷처럼 산뜻하고 편안해지는 것이다.

이해가 되는가. 정리하자면 '사람을 보는 눈'을 기르는 것은 자신의 인생을 가볍고 쾌적하게 만드는 일임이 틀림없다. 인생의 한순간, 사람 보는 안목을 갈고닦는 여행에 잠시 동행해주기 바란다.

차례 ———

제2장 ◆ 숨은 인재를 찾기 위해 알아야 할 4개의 층 ──

제3장 ◆ 최고의 인재를 알아보는 네 가지 기술 ──

제4장 ◆ 안목 있는 리더가 되는 길 ──────

제5장 ◆ 유해한 직원을 고용하지 않는 방법 ──────

제6장 ◆ 채용 시장에서 일어나고 있는 일

종장 ◆ 리더로서 알게 될 궁극의 기쁨

제 1 장

경험과 감각 너머
안목의 모든 것

―――――

누구에게 필요한가?

사람의 마음은 마치 삼라만상과도 같아 다양하고 복잡하다. 그럼에도 사람을 보는 안목이란 무엇이며 왜 필요한지 지금까지 살펴보았다. 이번 장에서는 사람 보는 안목이 없는 탓에 어떤 나쁜 일들이 세상에 일어나는지, 대체 이것은 누구에게 사용할 수 있는지, 그리고 어떤 일에 유용한지, 이 모든 의문에 대한 해답을 파헤쳐 보고자 한다.

사적인 인간관계
사람 보는 안목을 단련해 적용시켜 볼 수 있는 범위는 매우 넓다. 그리고 그 중요도는 인생과 비즈니스에서 어느 단계에 있느냐에

그림 2. 사적인 인간관계

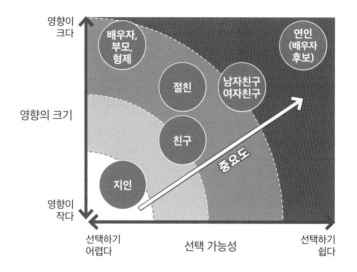

따라 달라진다. 그 역동성을 인간관계의 영향력을 나타낸 그림으로 설명해보자.

그림 2에서 세로축은 관계된 사람이 자신에게 미치는 영향의 크기, 즉 자신의 인생에 얼마나 큰 영향을 주는지를 나타낸다. 가로축은 관계를 맺는 데 자기 선택도의 대소, 즉 자신이 선택할 수 있는 정도의 크기를 나타낸다. 오른쪽 위로 갈수록 사람 보는 안목의 중요성이 커진다.

먼저 사적인 관계에서 세로축을 살펴보면 자신의 행동이나 선택에 가장 큰 영향을 미치는 관계는 배우자, 부모, 형제 등 '가족'이다. 그저 아는 사이일 뿐인 '지인'은 그다지 큰 영향을 미치지 않는다. 다음 가로축에 나타낸 '스스로 선택할 수 있느냐 없느냐'를 살펴보자. 기본적으로 누구나 부모를 선택할 수는 없다. 그러므로 사람 보는 눈은 여기에 관련이 없다. 지인 또한 선택하고 말고를 따지기 이전에 자연히 관계가 형성되고 만다.

사람 보는 눈의 중요도가 가장 높은 관계는 '연인(배우자 후보)'이다. 배우자가 되고 나면 그 관계를 끊어내기는 결코 쉽지 않다. 그렇기에 부부가 되기 전, 연인일 때 상대를 정확하게 판별해야 한다. 이러한 배경이 중요하기에 이 책은 경제경영서이면서도 때로 연애에 관련된 이야기가 나온다는 점을 알아두길 바란다.

이 도표의 특징은 관계가 자신에게 영향을 미치는 정도와 관계를 선택할 수 있는 가능성의 크기가 정비례한다는 점이다. 현실적으로 볼 때 아무래도 지인 중에서 마음 맞는 친구를 고르게 되고, 그중에서 일부가 절친한 친구나 연애 상대가 되며 그 가운데서도 선별된 사람만이 결혼을 전제로 한 연인이 된다. 가족을 제외하면 사람은 한 걸음씩 계단을 오르듯 상대를 알아가면서 인간관계를 형성하는 것이다. 그렇게 생각하면 가로축의 '선택하기 쉽다.'라는 기준이 절대 '선택하기가 간단하다.'라는 뜻이 아님을 알 수 있다. 이제 비즈니스에서의 상관도를 살펴보자. 경력이 쌓이고 직위가 높아질수록 사람 보는 눈이 더욱더 절실해진다.

사회 초년생의 인간관계

젊은 직장인에게는 선택지가 없다. 갓 입사했을 무렵에는 상사와 동료를 고를 수 없을뿐더러 고객사도 상사나 선배가 할당하는 대로 찾아가야 하는 경우가 많다. 따라서 이 시기에는 사람 보는 눈을 단련하든, 하지 않든 딱히 업무에 미치는 영향은 없다.

오해는 말라. 젊은 시절에는 안목을 기르지 않아도 아무 상관 없다는 말이 아니다. 그 후의 인생에서 차지할 중요성을 생각하면 젊을 때부터 단련하는 것이 훨씬 좋다.

중간관리직의 인간관계

사회 초년생이었던 이들이 경험을 쌓아 중간관리직이 되면 어떻게 변화할까. 두드러진 차이는 아래로 직원이 생긴다는 점이다. 그리고 선택해야 하는 상대로서 사외 협력사나 법인 고객도 새롭게 추가된다.

중간관리직이 되어 자신의 재량이 커질수록 사람 보는 눈이

그림 3. 중간관리직의 인간관계

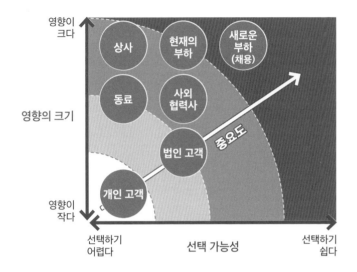

더욱 중요해진다. 특히 여느 때보다 안목이 필요한 시기는 바로 새로운 직원을 채용할 때다. 이미 같은 소속으로 일하고 있는 아래 직원은 회사의 인사 정책에 따라 배속되었으므로 우수하든 그렇지 않든 '내가 알 바 아니다.'라고 냉철하게 생각할 수도 있다. 하지만 자신이 채용한 직원이라면 그렇게 할 수 없다. 큰 실수라도 저지르면 누가 채용했는지 당장 추궁을 받게 될 테니 책임이 굉장히 막중하다.

그림 4. 경영 간부의 인간관계

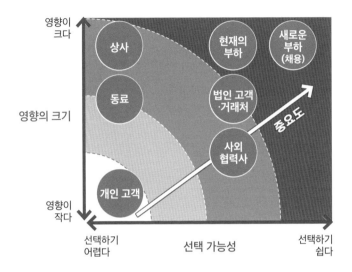

그러나 이 정도는 어디까지나 개인 또는 부서 수준에서 져야 할 책임이다. 사람 보는 눈이 회사 전체에 영향을 미칠 수 있는 직급은 경영 간부 이상이다. 특히 오른쪽 맨 위를 차지하는 새로운 부하 직원 채용은 신입 사원의 업무가 아니다. 부장급의 업무로 회사의 운명을 좌지우지할 중요한 직책을 외부에서 스카우트하거나 혹은 내부 인력 가운데서 발탁하는 경우를 의미한다. 이렇듯 중책을 맡길 사람을 뽑아야 하기에 그 책임이 중대하다.

그림 5. 경영자의 인간관계

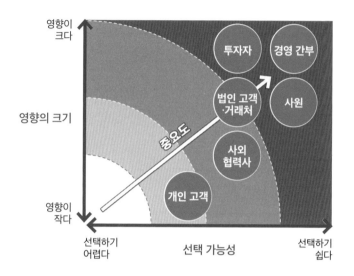

경영자의 인간관계

그 누구보다도 특히 사람 보는 눈이 필요한 사람은 바로 경영자다. 이들은 투자자, 거래처, 사외 협력사, 경영 간부, 사원 등 모든 관계자를 선별해야 한다. 당연히 판단하기가 쉽지 않을뿐더러 잘못 선택했을 때의 영향도 막대하다. 그렇기에 이곤젠더 같은 자문 회사가 존재하는 의의도 부각되는 것이다.

이렇게 말하면 경영자가 아니라면 진정한 의미에서의 사람 보는 안목이란 게 딱히 필요 없지 않나 생각할 수도 있다. 하지만 이 말은 절반은 맞고 절반은 틀렸다. 경영자가 되고 나서는 늦다. 안목은 하루아침에 길러지는 것이 아니기 때문이다. 직장인이라면 누구나 입사한 그날부터 사람 보는 눈의 단련이 시작된다. 한시라도 빨리 단련하기 시작한 사람이 유리한 게임이라는 사실을 잊어선 안 된다.

어디에 유용한가?

이번에는 사람 보는 눈이 무엇을 밝혀낼 수 있는지 생각해보자. 크게는 두 가지로 볼 수 있다. 우선 일 또는 인생에서 파트너를 고를 때 상대의 능력을 가늠해 인간으로서의 우열을 가려내는 데 유용하다. 쉽게 말해 직장이나 조직에서 **능력 있는 사람**과 그 **렇지 않은 사람**을 판별할 수 있다.

또 한 가지는 상대가 사람들에게 유해한 영향을 끼치는지 무해한지를 판단하는 데 유용하다. 한마디로 **좋은 사람**인지 **나쁜 사람**인지를 가려내는 것이다. 사람을 보는 눈은 이 두 가지를 기준으로 활용할 수 있다. 그림 6을 살펴보자.

세로축을 사람으로서의 우열로 두고 우수와 평범으로 분류했

그림 6. 사람의 네 가지 유형과 대처법

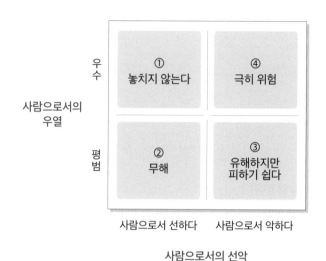

다. 여기서 평범하다고 표현한 말은 뛰어난 것을 제외한 훌륭한 사람부터 나쁜 사람까지 나머지 전부라는 뜻으로 폭넓은 범위에서 인식하면 된다.

　가로축은 사람으로서 선악 구분이다. 본인의 자각 여부와는 별개로, 그 사람이 주위 사람들에게 유해한지 무해한지를 개념적으로 분류한다. 그 결과 그림 6처럼 사분면이 만들어져 사람을 네 가지 유형으로 분류할 수 있다. 각 네 가지 영역별로 사람 보

는 눈이 어떻게 도움이 되는지, 또 주의해야 할 점은 무엇인지를
왼쪽 위부터 반시계 방향으로 살펴보자.

유형 ① 우수하고 무해한 사람

누구나 필요로 하는 인재다. 숨은 인재를 놓치지 않아야 한다.

사람을 보는 눈, 사람을 고르는 기술을 습득해야 하는 의의가 바로 ①번 영역에 해당하는 인재를 놓치지 않고 끌어당겨 동료로 삼는 데 있다. **강조하건대 무엇보다 사람 보는 눈이 없다는 이유로 이런 사람들을 놓쳐서는 안 된다.** 더구나 시간이나 만남의 기회에 어떤 제약이 생겼다 하여, 잘못 판단하고 이런 인재를 놓치면 치명상을 입을 수 있다.

미국 메이저리그에서 눈부신 활약을 펼친 이치로 전 프로야구 선수를 체격이 작다는 이유로 영입하지 않았던 메이저리그 구단은 얼마나 땅을 치고 후회를 했을까. 이와 마찬가지다. 이런저런 편견에 사로잡히면 그 사람의 진가를 알아보지 못하고 우수한 인재를 ②번 유형에 해당하는 평범하고 무해한 사람의 영역으로 분류하는 실수를 저지른다.

유형 ② 평범하고 무해한 사람

해를 끼치지 않는 사람이다. 별다른 문제를 보이지 않는다.

이 영역에 속하는 사람은 결론적으로 무해하기 때문에 딱히 주시할 필요가 없다. 많은 에너지를 쏟거나 너무 기대하지 않아도 되며 그냥 편하게 대하면 된다. 적극적으로 등용할 필요도 없거니와 의식적으로 피하지 않아도 된다. 감사한 마음으로 편안한 거리감을 느끼며 함께 일하는 정도가 딱 좋다.

유형 ③ 평범하고 유해한 사람

물론 피하고 싶지만, 의외로 알아보기 쉬워서 피해는 입지 않는다.

이런 유형은 유해하기는 하지만 평범하기 때문에 유해한 성향을 감추려는 교활함이 없다. 오히려 드러내는 편이어서 알아보기도 쉽고 피하기도 수월하다. 행실이 좋지 않은 직장인이나 어쭙잖은 상품을 강매하는 이류 사기꾼 등이 이 부류에 속한다.

내 쪽에서 괜한 욕심을 부리지 않으면 아무 문제없으며 애초에 능력이 평범해서 쉽게 본색을 드러낸다. 극단적인 예로 폭력단에 소속되지 않고서 범죄를 저지르는 집단이나 불량배도 이 유형에 속할지 모른다. 분명 무서워 보이고 엮이면 성가시지만, 착실한 길을 걷는 한 얽힐 일이 없는 부류이며 눈에 띄더라도 가까이 가지 않으면 그만이다. 중국 속담에도 군자는 위험한 곳에 다가가지 않는다고 했다. 이때 필요한 것은 사람을 보는 눈이라기보다 자신이 맺고 있는 인간관계의 질이며 행동 규범과 양심이 중요하다.

유형 ④ 우수하고 유해한 사람

가장 골치 아픈 사람이다. 상대하기 어렵고 함정에 빠지기 쉽다.

가시를 품은 장미 같은 유형이다. 이 사람들은 매우 우수하지만 늘 사회에 불만이 많고 주변 사람을 헐뜯으며 부정적인 말만 일삼는다. 자기 긍정감이 낮아 타인을 깎아내림으로써 정신의 균형을 유지하려다 결과적으로 이런 성향을 갖게 된 사람도 있는가 하면, 완벽주의자에 자존심은 강하나 공감 능력이 낮아서 그런 사람도 있다.

난감한 건 이 사람들이 우수하다는 사실이다. 실력이 뛰어나서 표면적으로는 평판이 좋으니 더욱 질이 나쁘다. 본인이 자각하고 있는 경우는 교묘히 숨길뿐더러 자신의 이미지까지 조작한다. 그렇다 보니 멀리 떨어진 곳에서 일하는 사람들이나 높은 사람들 사이에서는 높은 평가를 받는 사례가 많다.

이런 부류는 동서고금을 막론하고 조직의 상층부에 늘 일정한 수를 차지해 왔다. 지금 내게도 열 손가락 넘는 사람들의 얼굴이 떠오른다. **우수해서 높은 실적을 올리고 성과를 내기 때문에 점점 현장에서 발생하는 문제는 희석되고 만다.** 나중에 조직 내부에서 문제가 커진 뒤에도 웬만큼은 성과를 내는 탓에 직위를 해제하거나 해고하는 근본적인 판단이 지체된다. 그러는 동안 그가 뿜어내는 독이 회사 전체로 퍼져나가 결국 조직은 붕괴하고 만다. 독벌의 침 한 방이 때로는 거대한 코끼리를 쓰러뜨리는 셈이다.

사적인 교우 관계에서도 비슷한 사례를 발견할 수 있다. 어딘가 미심쩍은 면이 있는 것도 같지만 겉으로 드러나지 않고 표면적으로는 즐겁다. 얻는 것도 있기에 관계를 끊으려야 끊을 수 없다. 하지만 결국 귀찮은 일에 휘말리고 만다. 누구에게나 많든 적든 이런 경험이 있지 않을까.

이처럼 네 가지 유형 중에서 가장 주의해야 할 부류는 ①과 ④로 그림 6에서 각각 왼쪽 위와 오른쪽 위 영역에 해당한다. 왼쪽 위의 우수한 데다 무해한 사람을 놓칠 경우 회사 조직이라면 정말로 우수한 인재를 놓쳤으니 이익의 손실로 이어질 것이고, 결혼 상대를 찾고 있었다면 이상적인 배우자를 놓친 셈이니 인생의 손실로 이어진다.

또 오른쪽 위 영역의 우수하지만 유해한 사람은 조용히 문제의 싹을 키우고 있기 쉬워서 곪아가던 문제가 표면화되었을 때는 굉장히 큰 손실을 초래한다. 따라서 사람을 보는 눈은 이 두 부류의 사람들을 가려내는 데 매우 유용하다.

외모와 경력에 속아선 안 된다

세로축으로 표시한 우열에 관해 이야기해 보자. 사실 이 우열은 판단하기가 어렵다. 앞서 언급했듯이 **우수한 사람은 때로 '평범'이라는 가면을 쓰고 나타난다**는 함정이 있기 때문이다. 정말 잊을 수 없는 일화가 있었다.

내가 스물일곱 살에 창업을 해서 웹서비스 개발을 하던 때 아르바이트로 들어와 일했던 S군의 이야기다. 당시 S군은 삼수를 하고 1년을 유급했으며 분위기가 칙칙한 대학생이었다. 딱히 즐기는 운동도 없고 동아리 활동도 하지 않았던 것으로 기억한다. 영양실조였는지 담배를 너무 많이 피워서였는지 몰라도 피부가 까칠해서 뭐라고 표현하기 어려울 정도로 무기력한 기운이 감돌았다.

그런데 훗날 S군은 우리 회사의 중심인물로 자리매김해 큰 활약을 펼쳤다. 반신반의하면서 아르바이트로 채용한 사람이었건만 어느새 팀의 마스코트가 되어 귀여움을 받는 존재가 되어 있었다. 겉으로 투지가 드러나 보이지는 않지만 업무를 맡기면 열심히 해서 어떻게든 해냈다. 그 회사가 나중에 일본의 인터넷 종합 서비스 기업 라쿠텐Rakuten Group에 매각되면서 S군은 정사원으로 채용되었는데, 두드러지게 드러나지 않으면서도 실력을 발휘해 계속 성과를 내더니 마침내는 라쿠텐 포인트 기획 프로젝트에서 중요한 임무를 맡았다. 이 사례로 겉모습이나 이력으로 사람을 판단해서는 안 된다는 귀한 교훈을 얻었다.

또 한 가지는 IT 관련 회사 믹시MIXI의 창업자이자 현 회장인 가사하라 겐지와의 만남이다. 사실 앞서 말한 내가 창업한 회사와 가사하라 회장의 회사는 둘 다 네트에이지NETAGE(교육, 인재 매칭, 투자사업을 하는 인터넷 기업 - 역주)라는 회사에서 투자를 받았다.

어느 날이었다. "가사하라라고, 아르바이트를 찾는 인터넷 서비스를 운영하고 있는 사람이 있는데 자네가 한번 만나서 조언을 좀 해주지 않겠나? 아주 완고한 학생 창업자인데 말이지. 내가 하는 말을 전혀 듣지 않아서 걱정이야." 네트에이지의 창업자 니시카와 기요시 사장에게 부탁을 받고 가사하라의 회사가 입주해 있는 아파트 건물로 찾아가 그를 만나 보았다.

가사하라의 첫인상은 열정이 있지만 어딘가 요령이 없는 사람처럼 보였다. '무슨 말부터 해줘야 할지 도통 알 수가 없네⋯' 하는 생각이 들었다. 무척 순박하고 말이 없어서 리더다운 카리스마가 보이지 않았다. 하지만 그로부터 어느덧 3년이 지나 믹시가 SNS 사업을 시작하면서 회사가 크게 성장했다. 가사하라가 타고난 사업가이자 이 시대를 대표하는 경영자라는 사실은 이제 아무도 의심하지 않는다. 당시 '나는 정말 사람의 우수함을 꿰뚫어 보는 눈이 없었구나.' 하고 절감했던 기억이 뼈아프게 남아 있다. 이렇게 쓰고 보니 내가 얼마나 사람 보는 눈이 없었는지를 자백한 셈이나 다름없어 부끄럽지만, 그들의 잠재능력을 알아보지 못했던 공통 원인은 확실해졌다.

그 무렵 나는 **어떤 특정한 평가 축으로밖에 우열을 보지 못한데다 그 평가 축이 무척 편향되어 있었다.** 한마디로 경험도 지식도 부족하면서 사람들의 우열을 잘 가려내는 척했던 것이다. 당시 나는 전 직장 액센추어Accenture에서 갖고 있던 직업 가치관에 크게 영향을 받은 상태였다. 우수한 사람의 정의를 유창한 말솜씨, 힘 있는 추진력, 그리고 사람을 휘어잡는 카리스마라고 믿고 있었다. S군도 가사하라 회장도 내가 생각하던 정의와는 정반대의 인상이었다.

하지만 지금 생각해보면 두 사람 다 '끈기'와 '둔감력'(사소한 일에 휘둘리지 않고 매사 적극적으로 대처하는 의지력 - 역주)을 겸비한 흔치 않은 인물이었다. 스타트업에서 실력을 발휘한 원천은 자신이 믿는 것은 끝까지 해내는 힘과 주위에서 무슨 말을 하든 흔들리지 않는 힘이다. 이러한 능력이야말로 어떤 일을 하든 성공하는 데 중요한 자질이라는 사실을, 지금은 확실히 알고 있다.

우리는 우수한 악인과 살아감을 명심하라

우수하고 무해한 사람을 알아보기가 어려운 것과 마찬가지로, 아니 그보다 훨씬 더 꿰뚫어보기 어려운 유형이 바로 우수하고 유해한 사람이다. 진짜 악인이라고 해서 악인의 옷을 입고 걸어 다니는 게 아니기 때문이다. 오히려 선인의 옷을 입고 있는 경우가 허다하다.

어떤 스타트업의 경영자에게 들은 극단적인 사례를 소개해보겠다. 모 유명 전자상거래 기업에 유망주로 꼽히며 입사한 임원 후보가 있었다. 3개 국어에 능통하고 전 회사에서는 사장상도 받았다는 등 휘황찬란한 경력에 혹해 채용했는데 이 인물이 회사의 자금을 수백만 엔이나 횡령해 단기간에 해고를 당했다고 한다.

이 사례는 필시 경력 사칭이거나 전 직장에서도 문제를 일으켰을 것이다. 하지만 이 사람이 우수했다는 사실은 틀림없는 모양으로 횡령이 발각되기 전까지는 유해한 인물이라고 판단할 수 없었다. 실제로 일을 잘하고 느낌도 좋았다고 하는데 반면 가까이에서 일했던 몇몇 직원들은 '이 사람 뭔가 수상쩍은걸.' 하고 수상한 낌새를 맡았다고 한다. 이러한 후각을 가벼이 여겨선 안 된다.

이렇게까지 극단적인 사례는 아니더라도 스트레스 인자를 내뿜으면서 조직에 피해를 주는, 소위 나쁜 파장을 뿜어내 퍼뜨리는 사람들이 안타깝게도 이 세상에는 다수 살아가고 있다. 그러한 독소를 지닌 인재를 재빨리 가려내는 일은 암을 조기 발견해 적출하는 것과 같으므로 어떻든 빨리 대처해야 한다.

유해하더라도 능력이 평범하다면 그렇게 큰 문제가 되지 않는다. 솔직히 말해서 그런 사람들이 어느 정도 섞여 있다는 사실을 받아들일 필요는 있다. 그런 이들에게는 별다른 기대를 하지 말고 이른 단계에서 중요한 업무에서 제외시키면 그만이다.

아무래도 조직에 가장 유해한 부류는 나쁜 파장을 몰고 다니는 '우수한' 사람들이다. 이들이 조직에 깊이 상처를 내는 주범이다(이 건에 관해서는 제5장에서 상세히 고찰하겠다). 사람이 유해한지 무해한지를 판정하는 일도, 우수한지 아닌지를 판정하는 일과 마찬가지로 그 의미가 깊다.

두 눈을 흐리는 인지 오류들

사람 보는 안목을 키우고 인재를 선별하는 기술을 습득하는 이유는 우수하고 무해한 인재를 놓치지 않고 끌어들여 동료로 만들기 위함이라고 설명했다. 그렇다면 왜 우수하고 무해한 인물을 놓치는 일이 빈번하게 일어나는 걸까. 이 해답을 얻으려면 누구나 범하는 **인지 오류**에 관해 짚어봐야 한다.

우리는 학력 차별과 후광 효과(일부 특정적인 인상에 끌려 전체를 평가하는 심리 현상 - 역주)의 결합에 쉽게 빠지고 만다. 가령 같은 중졸이나 고졸의 학력이라도 개중에는 공부를 상당히 잘했지만 가업을 잇기 위해 중학교를 졸업하고 장인이 된 사람이 있는가 하면, 마찬가지로 우수했지만 대학에 갈 의사가 없어 고등학교가 최종 학력이 된 사람도 있다. 그런데도 우리는 여전히 '우수=고학력·고경력'이라고 착각하는 경향이 있다. 대학교를 졸업하지 않았다는 이유만으로 공부를 못하는 사람, 우수한 인재가 아니라고 판단하는 편협한 사고에 빠지는 것이다.

이렇게 학력 차별을 감각처럼 지닌 자체가 문제라고 말하기는 쉽지만, 그것은 깊이가 없는 지적이다. **정말로 무서운 것은 학력 차별과 후광 효과가 무척이나 쉽사리 결합되어 작용한다는 사실이다.** 가령 학력이 부족한 사람에게서 조금이라도 부정적인 일면을 발견하거나 특징적인 인상을 받으면 그 사실이 확장되어 다른 긍정적인 요소를 덮어버린다. 이는 채용 면접에서도 발생하는 오류의 대표적인 예다. 우수한 사람이 발탁되어 활약할 기회를 후광 효과라는 인지 편향이 앗아가는 것은 정말 안타까운 일이다.

마찬가지로 자주 발생하는 사례로 **확증 편향에 의한 간과**를 꼽을 수 있다. 확증 편향이란 무의식중에 자신의 의견이나 가설을 지지하는 정보를 우선적으로 찾는 습성으로, 크든 작든 누구나 지닌 인지 편향이다.

가령 자신들만의 영업 방식과 문화 특색이 짙은 회사에서 일하는 열혈 관리자가 있다고 하자. 그는 무의식중에 자신과 달리 말수가 적고 겸허한 태도로 대화하는 사람을 무능력한 인간으로 간주한다. 그는 매사 적극적이고 열정적인 발언을 하는 이를 우수하다고 판단하기 때문에 내향적인 직원의 우수함을 간과하고 인재로 적극 활용하지 않는다(덧붙이자면 이는 남녀 모두에게서 발생한다).

이 확증 편향의 무서운 점은 일단 무능하다고 낙인을 찍으면 자신도 모르는 사이에 그 인상을 추인하는 정보를 모은다는 사실이다. 편견으로 인한 잘못된 판단이 확증 편향에 의해 작동되어 점점 더 확고해지는 것이다. 이렇게 사람은 자신과 다른 유형의 인재를 평범한 범주로 밀어 넣어 우수한 사람의 진가를 간과하는 실수를 저지르고 만다.

완벽한 사람이 감추고 있는 뜻밖의 함정

약간 이야기가 빗나가지만 우수하고 무해한 인물을 영입하기만 하면 무엇이든지 문제가 해결되고 모든 일이 술술 풀릴까? 실상은 그렇지도 않다. 이러한 유형에서만 볼 수 있는 함정이 있다. 바로 **실언**이다.

2000년 4월부터 1년간 일본 총리를 역임한 모리 요시로는 왜 자꾸 실언을 했을까? 모리 요시로는 "일본은 신의 나라." "아이를 낳지 않는 여성을 세금으로 돌보는 건 말이 안 된다." 전 피겨 스케이트 선수인 아사다 마오를 가리키며 "중요한 순간에 꼭 넘어진다." 등 수없이 많은 실언으로 구설수에 올랐다. 나는 모리 전 총리와 친분이 있는 것도 아니고 발언을 옹호할 생각도 없지만, 그와 함께 일했던 사람의 말을 빌리자면 모리는 '굉장히 우수하고 좋은 사람'이라고 한다. 그는 인망이 두텁고 머리가 좋은 데다 행동력과 결단력이 있어 이권이 복잡하게 얽힌 안건도 신속하게 처리했다. 코로나로 1년 연기되어 2021년도에 열린 제32회 2020 도쿄올림픽도 "모리가 없었다면 제대로 개최하지 못했을 것"이라는 말도 관계자에게 들었다.

다만 모리 전 총리는 서비스 정신이 지나치게 왕성하다는 것이 문제다. 기본적으로 사람을 좋아해서 방어하는 데 허술하다.

'이런 말을 하면 웃음을 유발할 수 있겠지?' 하는 성급한 마음에 그만 쓸데없는 말을 하고 마는 것이다. 생각한 것을 마음속에 묻어두지를 못한다. 겉과 속이 다르지 않지만 빈틈이 많은 사람이다.

와세다대학교에서 개최한 사회인 대상의 강좌에서 '처녀 약물 중독 전략'*이라는 발언을 해서 엄청나게 빈축을 샀던 모 소고기 덮밥 체인점의 전 임원도 마찬가지다. 발언 내용 자체가 언어도단이며 농담이라고 해도 도저히 웃을 수 없는 심한 말이다. 애초에 그런 말이 나온 배경에는 본인의 내면에 심한 인지 왜곡이 있었던 것이라고 생각되지만, 이 사람도 역시 관계자들 사이에서는 '우수하고 좋은 사람'이라는 평판이 돌았다.

이 임원은 나도 개인적으로 잘 알고 큰 신세를 지기도 했었다. 라쿠고(일본의 전통 만담 – 역주)연구회 출신답게 엔터테인먼트 정신이 왕성했던 탓일까. 마침 그날도 자신의 가치관이 세상의 일반적인 상식과 어긋나 있다는 것을 깨닫지 못한 채 그 자

● 소고기덮밥 체인점의 당시 상무였던 임원이 마케팅 전략을 설명하면서 '시골에서 도쿄로 나온 젊고 순진한 여성들을 규동 중독으로 만들겠다(남자에게 비싼 식사를 대접받게 되면 규동을 먹지 않는다).'는 뜻으로 〈기무스메 샤브(약물) 중독 전략〉('처녀 약물 중독 전략'이라고 옮겼음)이라고 표현해 뭇매를 맞았다.

리의 분위기를 띄우려고 무리수를 두다가 실패한 것이 아닐까 싶다. 혹시 오해할지 몰라 밝혀두자면 나는 이 두 분을, 표면으로 드러난 발언이 잘못되었을 뿐이라고 편들어 옹호할 생각은 없다.

일본 직장인들 사이에서 화제가 된 JYP 소속의 인기 걸그룹 니쥬의 오디션 프로그램 이야기를 하고 싶다. 정말로 인생의 미묘한 사연을 느낄 수 있는 멋진 다큐멘터리다. 주역은 프로듀서이자 카리스마 넘치는 한국의 JYP 박진영이다. 그의 감명 깊은 말들은 책을 한 권 만들어도 될 정도이지만 특히 이 말이 모든 것을 아우르고 있다.

"감추는 것이 없는 사람이 되라는 뜻입니다. 카메라 앞에서 할 수 없는 말과 행동은 카메라가 없는 곳에서도 절대 하지 마세요. 조심하려고 생각하지 말고 조심할 필요가 없는 당당한 사람이 되십시오."

그렇다면 앞서 언급한 예처럼 실언하는 버릇이 있는 사람들은 우수하고 좋은 사람이라고 해도 중요한 직위에 기용하지 않아야 하는 걸까. 그들을 임명한 것 자체가 잘못이었을까. 매우 고민스러운 문제지만 나는 그렇게 생각하지 않는다. 인간에게는 다양한 성격과 습관이 있다. 술이 들어가면 대범해지는 사람, 돈 씀씀이가 헤픈 사람, 그러한 리스크 인자를 가진 사람을 전부 배제한다면 리더를 맡을 재목이 한 사람도 없을 것이다. 이 세상에 완벽한 사람은 없기 때문이다.

이곤젠더 시절에도 우리는 절대로 '이 사람은 이러한 성향이 있으니 뽑지 않는 것이 좋다.' 하고 단정하지 않았다. 다만 그런 요소가 있을 것 같으니 '주의해야 한다.'라고 보고한다. 실언할지도 모르는데 어떻게 대처할까 또는 실언하지 않게 하려면 어떻게 해야 할까 하고 돌봐주는 것이 진정한 매니지먼트다.

모리 전 총리도 소고기덮밥 체인점의 전 임원도 그런 특정한 경향이 있다는 사실을 예측하고 주위에서 적절한 지도나 대처를 조금 더 이른 단계부터 했다면 어땠을까 생각한다. 그 사람들의 가치관이나 평소의 발언이 요즘 세상의 상식에서 얼마나 벗어나 있는지 그리고 지금 나름대로 중요한 위치에 있는 사람이니 문제 발언은 눈 깜짝할 사이에 SNS에서 확산되고 만다는 사실을 끈질기게 못 박아뒀어야 하지 않을까.

인재를 고르는 목적은 사람을 배제하려는 데 있지 않다

본인조차 깨닫지 못하는 유해한 본질을 우리가 먼저 알아차리는 일의 의의는 무엇일까. 상대의 본성을 폭로하고 배제하는 것? 인간은 완벽하지 않다. 누구나 궁지에 몰리면 예상치 못한 행동을 할 수 있다. '이 사람은 어쩌면….' 하고 색안경을 쓰고 보면서 함께 일하는 것도 생산적이지 못하다.

중요한 것은 배제나 차별이 아니라 그러한 리스크가 있다는 사실을 미리 인식해두는 일이다. 그리고 어느 정도는 허용해야 한다. 다만 허용 범위를 넘어서면 어떻게 할지를 속으로 미리 생각해둬야 한다. 즉 단단히 각오해두는 일이야말로 본질적인 리스크 관리이다.

애초에 사람을 고르는 까닭은 서로 행복하기 위해서다. 그리고 행복이란 기본적으로 원만한 인간관계 속에서 인생을 사는 일이다. 물론 관계를 맺은 사람들이 모두 좋은 사람만 있으리라는 법은 없다. 문제도 여러 번 맞닥뜨릴 것이다. 하지만 문제가 갑작스럽게 일어난 일인지, 어느 정도 예견한 일인지에 따라서 마음 상태도 대처법도 확연히 달라진다. 같은 문제라도 '뭐 그럴 수도 있지.' 하고 웃어넘길 수 있느냐, 아니면 당황해서 쩔쩔매느냐에 따라 그 후의 인생이 달라질 것이다. 반복해서 말하지만 그러한 여유를 얻기 위해 필요한 요소가 바로 사람을 보는 안목이다. 이제 다음 장부터는 본격적으로 사람을 고르는 구체적인 방법을 살펴보자.

_____

사람 보는 눈은 타고나지 않는다

사람 보는 눈이 없다는 것은 인생이나 일에서 커다란 손실이라
는 사실을 지금까지 다양한 각도에서 설명했다. 그런데 그 이상
으로 안타까운 사실은 무척 많은 사람들이 이 주제를 진지하게
마주하지 않는다는 점이다. 흔히 "저 사람은 사람 보는 눈이 있
어." "나는 사람 보는 눈이 없어." 같은 말들을 한다. 그 자질이
마치 태어날 때부터 갖고 있는 센스라고 착각하는 듯하다. 안목
은 운동을 못한다거나 음감이 없다는, 그런 유의 이야기로 치부
할 것이 아니다.

  우리가 어느새 그렇게 믿게 되는 이유 가운데 하나가 사람에
게 덴 상처 때문이다. 인생의 꽤 초반기에 사람을 잘못 봤던 기
억은 어른이 되었음에도 여전히 맘속 한편에 자리 잡고 있다.
가장 흔히 겪는 아픈 실패의 대표적인 예는 '연애'다.

  많은 사람이 10대 후반에서 20대 초반에 걸쳐 처음으로 본격
적인 이성 교제를 한다. 젊어서는 경험이 별로 없기 때문에 남
자친구나 여자친구를 잘못 선택하고는 힘든 경험을 하는 사례
가 많을 수밖에 없다. 특히 이성에 늦게 눈뜬 사람일수록 그 실
패의 기억은 오래도록 마음에 상처로 남기 마련이다.

아무래도 연애란 대개 경험할 때의 강렬한 감정이 깊고도 무겁다. 그래서 강도 높은 에피소드 기억으로 뇌에 생생하게 새겨지고 만다. 이게 골치 아프다. 설령 그 후에는 그와 같은 부정적인 체험이 별로 반복되지 않았다 해도 초기에 겪었던 기억이 사소한 일로도 쉽사리 의식 바깥으로 끌려나오기 십상이다. 단 몇 번의 실패를 근거로 '나는 남자 복이 없어.' '나는 여자를 볼 줄 몰라.' 하고 자신에게는 센스가 없다고 낙인을 찍는 경우가 수두룩하다. 또는 부모나 친구에게 "넌 정말로 사람 보는 눈이 없구나!" 하는 말을 듣고 자신은 그런 사람이라고 단정 짓는다. 마침내 '나는 사람 보는 눈이 없는 사람'이라고 스스로 딱지를 붙이는 바람에 그 편향된 믿음이 어느 사이엔가 의식의 깊은 곳에 단단히 뿌리내리고 마는 것이다.

이러한 메커니즘이 뇌 속에 깊이 자리 잡은 결과, 사람에 관한 판단이 필요할 때마다 안 좋았던 기억을 뇌에서 꺼내 결코 사실이 아닌데도 '너는 센스가 없으니 그만둬!' 하는 명령을 스스로에게 내린다. 하지만 냉정하게 생각해보자. 사람을 고르는 선택을 할 기회가 많지 않았을 시기부터 자신의 센스를 운운하는 건 난센스가 아닐까.

제2장

숨은 인재를
찾기 위해 알아야 할
4개의 층

사람은 4개 층으로 이루어졌다

인재를 선별하는 구체적인 노하우를 말하기 전에 이 토대가 되는 실천 가능한 이론을 먼저 설명하겠다. 사람과 만날 때, 상대를 꿰뚫어보고 싶을 때, 우리는 어떻게 해야 할까? 어떻게 사람 보는 눈을 기르고 단련할 수 있을까?

지금까지 이야기했듯이 대부분 사람은 이 분야에서 제대로 교육이나 훈련을 받은 적이 없을 것이다. 무턱대고 이것저것 시도해 본다고 해서 원하는 결과를 얻을 수도 없다. 이때 **우선은 어느 정도 '형식'을 몸에 익혀두는 것이 지름길이다.** 가라테나 검도 등의 무술과도 비슷한데 가장 먼저 프레임워크를 자신의 내면에 채워넣어야 한다. **사람을 알아보기 위한 사고의 틀이 되는 프레**

그림 7. 사람을 구성하는 4개 층

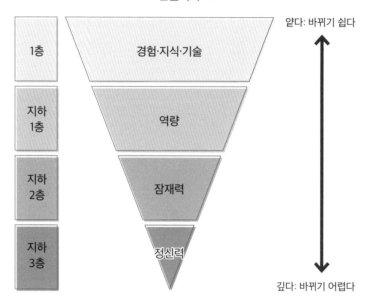

인물의 구조

얕다: 바뀌기 쉽다

깊다: 바뀌기 어렵다

임워크를 갖고 있어야 비로소, 되는대로 내맡기는 것이 아니라 의지를 담은 시행착오가 가능해지고 능력으로 습득할 수 있다.

운동을 해본 사람은 잘 알겠지만 근력 훈련도 무작정 횟수만 채워서는 효과가 나지 않는다. 올바른 자세로 적절한 부하를 주면서 어느 부위의 근육을 움직일지를 의식해 의지를 담아 꾸준히 해내는 것이 근육량 향상의 비결이다. 매일 트레이닝 하는 데

센스는 필요 없다. 사람 보는 눈을 단련하는 것도 이러한 근력 훈련과 똑같다고 생각하면 된다.

이제 세계적인 서치펌 이곤젠더에서 연마한 비밀스러운 지혜를 최초로 공개한다. 한 가지씩 차근차근 소개하겠다. 사람을 제대로 보기 위한 프레임워크는 그림 7과 같다.

사람을 제대로 알아보려면 그림에서 보듯이 인간을 건축물처럼 층으로 인식해야 한다. 그림은 지하 깊숙이 만들어진 건물이다. 지상 1층이 경험·지식·기술이고 지하 1층이 역량, 지하 2층이 잠재력, 그리고 가장 최하층인 지하 3층이 정신력이다. 1층이 바깥으로 나와 있고 지하 1층, 지하 2층, 지하 3층은 깊이 파고 들어가야 한다. 실제로 존재하지는 않을 것 같은 건물이지만 상상력을 발휘해보자. 내가 떠올린 이미지는 파리 루브르 박물관에 있는 루브르 피라미드다. 외관은 세 면이 유리로 된 피라미드이지만 실은 지하에 광대한 공간이 펼쳐져 있다.

조금 더 비슷한 이미지를 찾다가 멕시코의 건축가 에스테반 수아레즈가 2011년에 디자인한, 역피라미드 모양의 지하 빌딩 '어스 스크레이퍼Earth scraper'라는 멋진 콘셉트 플랜을 발견했다. 지하 65층 건물은 역시 지나친 느낌이 있지만 이렇게 거꾸로 된 빌딩을 머릿속으로 그려보면 도움이 될 것이다.(그림 8)

얕은 쪽, 즉 지상으로 나와 있는 부분일수록 타인에게 잘 보여

그림 8. 지하 65층짜리 초'심'층 빌딩

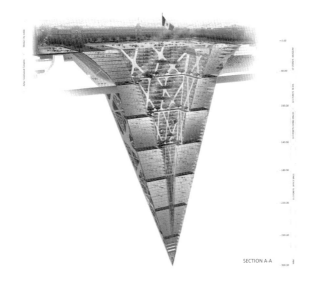

SECTION A-A

사진 제공: Bunker Arquitectura

알기 쉬운 데다 바뀌기도 쉽다. 한편 지하로 숨어 있을수록 잘 보이지 않고 알기 어려우며 바뀌기 어렵다. 덧붙이자면 '사람은 바뀔 수 있는가?'라는 매우 중요한 명제가 있는데 현시점에서 지식인들은 바뀌기 쉬운 부분과 바뀌기 어려운 부분의 양면이 존재한다고 의견 일치를 보이고 있다. 이러한 건축물처럼 사람의 내면을 인식하면 사람을 알아보기가 무척 편해진다. 논리적으로 정리하기 쉽기 때문이다. 이 프레임워크를 기억하고 의식하여 시행착오를 거칠 수 있다면 인간의 내면이 설계도처럼 눈앞에 떠오를 것이다. 흥미진진한 이야기가 아닐 수 없다. 그러면 이제 순서대로 각 계층을 자세히 살펴보자.

이력서 한 장에 드러나는 지상층 – 경험, 지식, 기술

지상 1층에는 잘 보이고 알기 쉬우며 바뀌기 쉬운 것들로 들어차 있다. 바로 그 사람의 **경험, 지식, 기술**이다. 이들은 상대적으로 표면적인 요소라서 이력서만 봐도 쉽게 읽히고 한눈에 파악된다. 누가 봐도, 누가 질문해도 비교적 잘못 볼 리가 없으며 사실로서 전달하기 쉽다. 도리어 틀리기가 어렵고 알기 쉬워서 사람을 보는 능력이 단련되지 않은 초심자라도 자신감을 가지고 시비를 가릴 수 있다.

그런 연유로 안타깝게도 대부분의 면접이 이 지상층 요소를 파악하는 데서 끝난다. 이력서에 나열되어 있는 경력과 지식, 기술과 자사가 추구하는 이력이 잘 맞아떨어지는지를 대조하고 나서 인성을 잠깐 확인한다. 마지막으로 의욕이 있는지를 점검한 후 일단락되는 식의 면접이 실제로 무수히 시행된다. **건물의 1층만 둘러보고는 전체를 다 본 듯이 여기는 것이다.**

이력서에 "크게 히트한 맥주의 판매 전략을 세웠다."라고 적은 사람이 있다고 하자. 정말로 그 사람이 기록적인 판매 실적을 올렸을지도 모르는 일이다. 하지만 어쩌면 그 사람은 팀의 일원으로 위에서 지시받은 판매 전략을 실행했을 뿐일지도 모른다. "그 맥주의 판촉 전략을 세운 사람이 자네인가? 대단하군!" 하고 단지 그 프로젝트의 '경험'만 공유한 사람을 확대 해석하여 입사시키지 않도록 유의해야 한다. 큰 기대를 걸고 마케팅 임원 직위에 앉혔지만 전혀 성과를 올리지 못하는 일도 빈번하게 일어난다. 이같은 경력직 채용 실수 사례는 **마음만 먹으면 얼마든지 날조 가능한 얄팍한 정보에 의지해 인재 발탁이라는 중요한 판단을 내렸기 때문이다.**

에피소드로 알아보는 지하 1층 – 역량

인재를 조금 더 제대로 판단하려면 상대의 지하층으로 파고들어야 한다. 지하 1층에는 과연 무엇이 차지하고 있을까. 바로 **역량**이다. 역량은 인사 업계에서 자주 사용되는 개념과 방법으로 '실적이 좋은 사람의 행동 특성'이다. 그 사람이 '어떤 상황에서 어떤 행동을 취하는가' 하는 고유의 행동 패턴이라고 이해하면 된다. 상대의 역량을 알면 상대가 장래에 취할 행동까지 예측 가능하다. 이는 인간은 비슷한 상황에서 똑같은 행동을 되풀이하는 경향이 있다는 연구 결과를 바탕으로 하며 비즈니스 현장에서 사람을 판별할 때는 세 가지만 의식해서 사람을 봐도 좋다.

중요한 역량 첫째는 **성과 지향**이다. 각자에게 일정한 목표치를 할당했을 때 성과 지향 수준이 낮은 사람은 어렵다고 그만두며, 중간 수준인 사람은 무슨 일이 있어도 끝까지 해서 어떻게든 목표를 달성하려고 한다. 그리고 성과 지향 수준이 높은 사람은 목표를 넘어서는 것을 당연하게 여긴다. 목표를 달성하기 위한 행동도 일찌감치 역산해 목표를 넘어선 결과를 반복해 달성해야 한다고 생각한다. 이런 상태를 계단 모양으로 점수 매길 수 있다.

둘째, **전략 지향**도 수많은 현장에서 중요시되는 역량이다. 전략 지향이 낮은 수준이라도 자신이 속한 부문의 전략은 세울 수 있다. 중간 수준인 사람은 자사 전체의 전략을 수립하며 높은 수준인 사람은 업계와 산업 전체의 전략을 세운다. '비전을 달성하기 위해 어떤 방법을 취할 것인가?' '남들과 다른 방법으로 시도해볼 것인가?' '독자적인 길을 찾아낼 것인가?' '경쟁에서의 차별화 요인을 어떻게 만들어나갈 것인가?' 이렇게 구체적인 내용을 살펴 정밀하고 치밀한 전략을 찾아나간다.

셋째는 매사를 바꿔가는 **변혁 지향**이다. '현재 상황을 타파하려면 어떤 일을 해야 할까?' '변화의 방향성은 어떻게 설정해야 하나?' '어떻게 하면 사람들이 열광해서 변혁에 동참할까?' 등을 고민한다. 그 밖에도 타인과의 협조성이나 인재를 육성하는 능력 등 다양한 역량이 있다.

그렇다면 상대의 역량을 어떻게 간파할 수 있을까? 사람의 역량을 알아보는 데 반드시 필요한 기술은 무엇일까? 바로 '에피소드를 토대로 한 인터뷰'를 해보는 것이다. 가령 입사 지원자가 전 직장의 자기 업무 분야에서 문제가 발생해 고객과 관계가 틀어진 경험이 있다고 치자. 이 경우 문제를 어떻게 해결했는지 그 생생한 일화를 들어보는 것이다. **"그때 당신은 문제를 어떻게 해결했나요?"**라고 질문하라. 만약 지원자가 대답으로 꺼낸 에피소드가 '인간관계 문제를 동료와 협력해서 해결했다.'라면 협동, 팀워크를 그의 역량으로 인식하고 깊이 파고들어 가면 되고 '계획을 새로 점검해 근본적으로 재발을 방지했다.'라는 대답이라면 전략이나 변혁에 관련된 역량이 높다고 가늠해서 평가해 나가는 것이다.

이 기술은 사적인 면, 가령 결혼을 염두에 둔 만남에서도 활용할 수 있다. 상대에게 "당신이 자랑하고 싶은 이야기를 들려줘요. 그리고 고생했던 일도 꼭 알고 싶어요." 하고 질문해보면 어떨까. 그렇게 해서 상대가 꺼낸 에피소드를 그대로 흘려듣는 건 아까운 일이다.

예를 들어 힘들었던 경험으로 "대학생 때 동아리 회장하고 잘 안 맞아서 고생했어."라고 했다고 치자. 이때 상대의 '의견'을 듣기만 해서는 사실 의미가 없다. 듣기만 할 게 아니라 구체적으로 "당신은 그때 뭘 했어?" 하고 상대가 취한 '행동'에 초점을 맞춰 심도 있게 파고들어 가야 비로소 유익한 정보를 얻고 역량을 엿볼 수 있다. 그럼으로써 비로소 앞으로 자신과 사귈 경우 비슷한 상황이 벌어졌을 때 이 사람이 어떤 행동을 취할 확률이 높은지를 예측하고 두 사람이 걸어갈 미래의 모습을 상상해볼 수 있다. **의견은 무의미하다. 행동이 모든 것을 말해준다.**

역량을 확인할 때 중요한 주의 사항이 있다. **먼저 에피소드가 있어야 한다**는 사실이다. 그 경험 이야기를 역량으로 구분하는 것이다. 반대 방법으로 하면 반드시 실패한다. "당신은 전략적입니까?" "전략적 사고가 드러나는 에피소드를 이야기해 주시겠어요?" 이런 식으로 물으면 상대는 분명 나름대로 그 질문에 맞춰 이야기를 할 것이다. 이는 마치 첫 데이트에서 "당신은 성실한가요? 성실하다는 걸 알 수 있는 사례를 들려주세요." 하고 묻는 것이나 다름없다. 이런 질문을 받으면 대개는 호감을 느끼던 마음이 싹 식어버리거나 거부감을 느끼게 된다. 어쩌면 이야기를 꾸며내 대답할지도 모른다.

에피소드를 듣고 역량을 평가하기 위한 더욱 구체적인 접근법이 있다. 우선 상대가 대답한 '자랑 이야기' 중에서 알고 싶은 역량에 관한 내용이 나왔을 때, 이야기를 잠깐 가로막고 다음과 같은 질문으로 끼어들어 더 깊이 파고드는 것이다. **"잠깐만요, 그 일화를 조금 더 이야기해 주실래요?" "구체적으로는 어떻게 하신 거예요?"**

끼어들기 테크닉을 실례라고 여기는 사람도 의외로 많다. 하지만 딱 좋은 타이밍을 놓치면 상대의 사고가 흐트러지고 나아가서는 핵심으로 다가갈 기회를 잃는다. 실례가 될까 주저하지 말고 바짝 끼어들어 묻는 것이 훨씬 더 바람직한 인터뷰다. "당신은 거기서 어떤 성과를 이루셨나요?" "당신이 그 프로젝트를 성공시키기 위해 노력한 점은 무엇입니까?" 하고 날카롭게 캐물어 주체적으로 대답하도록 유도해야 한다. 다만 심문하듯이 추궁해서는 안 된다. 어디까지나 호기심이 생기는 대로 분위기를 맞추면서 파고들어야 한다.

지하 1층의 경치는 어떠했는가. 지상의 경치와 달리 잘 들여다보이지 않지만 그만큼 더 본질적이고 용도의 폭도 넓다는 것을 이해했을 것이다. 사람의 역량을 파악해 능력을 가늠하는 기술이 몸에 익으면 스포츠 선수, 요리사, 예술가, 예능인 등 정장을 입지 않아도 되는 직업 분야에서 왜 그 사람이 전문가로 성공했는지를 입체적으로 알 수 있다. 그 단계까지 오면 면접은 성공한 것이다. 연애를 할 때도 서로 상대의 능력을 이해하고 부족한 부분을 보완해 주면서 감사하는 마음을 주고받는 이상적인 관계로 발전시킬 수 있지 않을까.

신비로운 지하 2층 - 잠재력 평가 요소 네 가지

이제부터는 드디어 이 책의 핵심인 심층 세계로 들어가보자. 인간의 능력 그 깊은 곳에는 무엇이 있을까. 대부분의 사람들에게는 미지의 세계일 것이다. 하지만 지하 2층의 세계를 안 뒤에는 서장에서 비교 언급한 F1 경주용 자동차 기술을 일상에 활용한다는 말이 무슨 뜻인지를 확실히 실감할 것이다.

사람에게는 바뀌기 쉬운 부분과 바뀌기 어려운 부분이 있다고 앞서 설명했다. 지상층의 경험·지식·기술과 지하 1층의 역량(행동 특성)은 어릴 때부터 학습과 체험을 통해 형성되며 변화를 거듭한다. 말하자면 컵에 부어지는 물이다.

그럼 컵 자체는 어떨까? 바로 지하 2층의 '그릇=잠재력'이다. 사람은 컵처럼 각자 자신이 갖추고 있는 능력이나 도량의 크기

그림 9. 컵으로 보는 사람의 잠재력

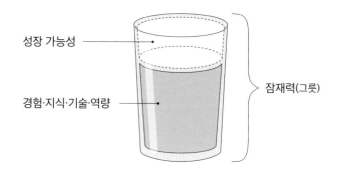

성장 가능성

경험·지식·기술·역량

잠재력(그릇)

가 다를 뿐만 아니라 형태도, 느낌도 사뭇 다르다. 지하 1층이나 지상 부분에 담기는 것은 그릇이 있어야 성립된다. 이 그릇이 얼마큼의 용적을 갖고 있는가 그리고 이 안에 담긴 것이 어느 정도의 양인가. 이 두 가지를 알면 더 부을 수 있는 양을 알 수 있다. 세상 사람들은 이것을 성장 가능성이라고 부른다. 다시 말해 컵의 크기가 그 사람의 그릇이며 그 안에 담긴 물이 경험·지식·기술 그리고 역량이다. 그리고 앞으로 그 안에 더 채울 수 있는 물의 양이 성장 가능성인 것이다.

사람의 성장 가능성에 관해 이곤젠더가 하버드대학교 등과 함께 오랜 세월 과학적으로 조사해서 2014년에 처음으로 세상에

그림 10. 인류의 인재 선별 역사

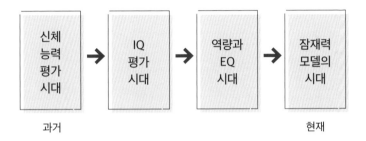

공표한 콘셉트가 바로 지금부터 설명할 **그릇**을 나타내는 **잠재력 모델**이다.

　이는 넓은 의미로 인사 업계에서 일어난 작은 혁명이라고 해도 좋다. 그들은 면접에서 과거(실적 등)만 보는 세상을 향해, 미래(성장 가능성)을 읽어낼 줄 알아야 한다는, 코페르니쿠스적 전회의 필요성을 지적한 것이다. 이 모델의 개발을 지휘한, 아르헨티나의 저명한 컨설턴트 클라우디오 페르난데즈 아라오즈는 일본을 무척 좋아해서 일본 지사의 동료를 위해 지구 반대편에서 몇 번이나 날아와 트레이닝을 해주었다. 그는 이 잠재력 모델을 두고 "인류의 인사 결정 역사에 있어 제4장 시대의 개막"이라고 말했다.

제1장은 신체 능력 평가의 시대다. 예로부터 체격이 크고 강하며 건강한 사람은 매력적이었다. 제2장은 아이큐(IQ) 평가의 시대이고 제3장은 역량과 감성지수(EQ)평가의 시대다. 그리고 지금 네 번째 새로운 시대의 막이 잠재력 모델과 더불어 열린 것이라고 강조한다.

다음 페이지의 그림 11을 보자. 제자가 말하기는 뭣하지만, 이 정도로 과부족 없이 철저하게 파고든 모델은 없을 것이라 생각한다. 앞서 소개한 클라우디오는 사람이 지닌 그릇의 크기와 성장 가능성을 '호기심' '통찰력' '공감력' '담력' 네 가지 요소로 측정할 수 있다고 단언했다. 이는 방대한 양의 샘플을 분석한 조사로 얻은 결과다. 우선은 이들 요소의 정의를 각각 설명하고 나서 판정 방법과 사례를 살펴보고자 한다.

잠재력 요소 ① 호기심

호기심은 우성 인자다. 어떤 의미에서는 다른 세 가지 요소를 어머니처럼 길러준다고 생각하면 된다. 만약 이들 중 딱 한 가지만 봐야 한다면 그건 단연코 호기심이다. 색상에 비유하자면 빨간색이다. 히어로물에서도 대개 중심인물을 빨간색(레드)으로 상징하고 있다. **새로운 경험, 지식, 솔직한 피드백을 요구하는 강한 에너지, 그리고 학습과 변화에 대한 개방성**이 이에 해당한다(상세

그림 11. 네 가지로 분해된 잠재력 모델

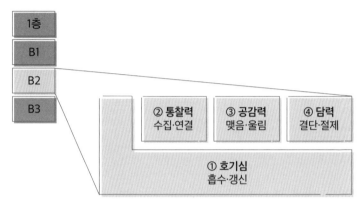

'○○를 할 수 있는가'가 아니라
'○○하는 데 에너지가 솟아나는가'에 주목한다.

한 내용은 뒤에서 설명하겠다).

잠재력 요소 ② 통찰력

통찰력은 색상에 비유하면 파란색이다. 머리가 좋은 사람들을 모으고 싶어 하는 회사나 교육 기관에서는 책자 또는 홈페이지에 안정감 있는 파란색을 꼭 사용한다. **새로운 가능성을 시사하는 정보를 수집하고 이해하는 강한 에너지를 가리킨다.**

잠재력 요소 ③ 공감력

공감력을 색으로 비유하면 노란색이 아닐까. 히어로물에서도 항상 '옐로 레인저'는 인기가 많다. 마음이 따뜻하고 항상 동료를 격려한다. 이는 **감정과 논리를 사용해 자신의 마음과 설득력 있는 비전을 전하고 사람들과 친밀한 관계를 맺으려는 강한 에너지**를 보인다.

잠재력 요소 ④ 담력

담력은 색상으로 비유하기가 조금 어렵지만, 히어로물에 비유하기를 계속한다면 개체의 강인함을 지닌 검은색이다. 의미를 설명하자면 **과감하게 도전하기를 좋아하고 달성하기 힘든 목표를 이루려고 분투하는 과정에서 강한 에너지를 얻으며 역경을 재빨리 딛고 일어서는 힘**을 뜻한다.

이 네 가지 요소를 이해하기 쉽게 '○○력'이라는 단어로 표현하고 있지만 여기서 우리가 주목해서 봐야 할 핵심은 능력이 아니라 **에너지**라는 사실이다. 대화를 나누는 동안 여러 가지 정보를 얻으면서 '이 사람은 이런 에너지가 강하구나.' 하고 느끼고 알아내야 한다.

'느낀다.'라고 쓰면 왠지 오컬트 같아 보일지 모르지만, 체감상으로는 언어 정보뿐만 아니라 그 사람의 생김새, 표정, 동작, 목소리 톤 등 다양한 각도에서 정보를 얻는 작업이다. 오감이라고까지는 말하지 않겠지만 적어도 두세 가지 정도의 감각을 구사해서 판단해야 한다.

이제 여기서 짚고 넘어가야 할 **에너지**라는 개념을 조금 더 명확하게 알아보자. 무엇보다 강조하고 싶은 것은 에너지란 기운차고 목소리가 크며 의욕이 넘치는 시기의 '출력'을 가리키는 것이 아니라는 사실이다. **여기서 말하는 에너지는 무의식적으로 자연스럽게 솟아나는 '열량' 같은 것**이다. 온종일 에너지가 타오른다면 지치기 마련이다. 하지만 일단 발동이 걸리면 단번에 의욕이 확 달아오르는, 이러한 종류의 에너지라고 이해하면 된다.

참고로 이 에너지를 평가할 때 앞서 말한 역량과 마찬가지로 계단형으로 나타낼 수 있으면 이상적이기는 하다. 하지만 이 정도 수준의 심층까지 파고들면 올바르고 객관적으로 평가하기가 상당히 어려워진다. 그렇다고 그다지 걱정할 일은 아니다. 그것을 직업으로 하지 않는 한, 일반 사람들은 이 잠재력 단계에서 평가하지 않아도 된다. 어디까지나 자신의 방식대로 해도 상관없다. 지식만 갖추면 된다. 그리고 만약 자신의 내면에서 대충이라도 좋으니 기준을 세우고 높일 것인지 낮출 것인지 두 단계로 구분할 수 있으면 충분하다.

| 호기심 | 학습하고 갱신하는 데서 희열을 느끼는 사람

이제부터 잠재력 평가 요소에 관해 하나씩 상세히 설명하겠다. 76페이지의 그림 11을 보면 알 수 있듯이, 잠재력 요소 ①~④에는 각각 두 개씩 부분 집합이 있다. 호기심의 부분 집합 중 첫째는 **흡수**다. 이를테면 호기심이 충만한 사람은 **삼라만상을 알고 싶어 하는 모습**을 보인다. 가령 '왜 비둘기는 전선에 올라앉아 있어도 감전되지 않는 걸까?' 하고 어른이 되어서도 아이 같은 의문을 품는 사람이 있다. 뭐든지 알고 싶어 하고 흡수하고 싶어 하는 방향의 호기심이다.

둘째는 낡은 지식을 업데이트하려는, 바꿔 말하면 과감히 벗어던지고 **갱신**하는 방향의 호기심이다. '예전에는 이랬지만 최근에 새로운 설이 생겨나 앞으로는 이렇게 될 가능성이 있다. 그러니 이쪽 방법으로 채용해야 한다.'라는 식으로 진부한 사고방식을 재빨리 버릴 수 있는 호기심이다. 간혹 흡수의 폭은 굉장히 넓고 깊지만 갱신 능력이 낮은 사람이 있다. 선입견일지도 모르지만 이류 대학의 교수가 이에 해당할 것이다. 이 경우에 만약 흡수 점수가 5점 만점에 5점이고 갱신 점수가 2점이라고 하면 종합한 호기심의 최종 평가는 3.5점이 된다. 어디까지나 개념적인 계산이긴 하지만 이런 식으로 생각하면 된다.

| 통찰력 | 정보를 수집하고 연결하는 데 가슴이 뛰는 사람

다음으로 통찰력의 부분 집합 중 첫째는 **수집**이다. **다양한 정보를 수집하고 정리해 의미를 이해하는 일에 가슴이 설레는 유형**이다. 덧붙이자면 요즘 시대에 압도적으로 물건을 많이 움직일 수 있는 것이 '덕질'이다. 덕질은 자신이 열성적으로 좋아하는 배우나 아이돌을 응원하는 활동을 뜻하며 자신이 가장 좋아하는 인물에 관련된 갖가지 정보를 구석구석 철저히 수집한다. 그러한 사람들의 정보 수집 욕구에서 오는 통찰력은 실로 대단하다.

예전에 이탈리아의 구두 제조회사 토즈Tod's에 근무하는 친구에게 들은 이야기다. 요즘 일본에서 인기를 얻고 있는 훈남 배우 마치다 케이타가 자신이 출연한 드라마에서 아주 잠깐 동안 차고 나온 팔찌가 다음 날 완판되어 매장에서 품절된 적이 있었다고 한다. 상품명이나 브랜드명을 전혀 게재하지 않았는데도 팬 커뮤니티에서 순식간에 밝혀내 정보가 공유되었다는 놀라운 이야기였다. 만약 그 외 다른 국면에서도 이 같은 에너지 수준으로 정보 수집력을 발휘하는 사람이 있다면 그 사람은 상당한 통찰력의 소유자라고 할 수 있다.

통찰력의 또 한 가지 부분 집합은 **연결**이다. '연필과 와인의 공통점은 무엇인가?' 같은 질문을 받은 경우 그 답을 생각하는 데 긍정적인 에너지를 느끼는 사람이 연결 부분 집합이 높은 것이다. 설령 답이 나오지 않아도 사고하는 과정을 즐거워한다거나, 만약 '좋은 건 부드럽지!' 같은 기발한 발상이 떠오를 때 뛸 듯이 기뻐하는 사람이 이에 해당한다.

실제로 학교 교육에서 말하는 수재 중에는 수집 능력은 탁월하지만 연결 능력이 떨어지는 사람이 많다. 이는 입시 위주의 교육 시스템 탓이 크다고 본다. 이러한 경향은 최상급 학교 출신밖에 채용하지 않는 전략 컨설팅 업계에서도 마찬가지다. 오늘날 업계에서 양산형이라고 불리는 컨설턴트가 매년 증가하고 있는데, 양산형과 정예 인재들과의 차이를 확연히 드러내는 요소가 바로 통찰력에서의 연결 에너지다.

그렇게 단언할 수 있는 까닭은 헤드헌팅 시절에 내가 컨설팅 업계도 담당했기 때문이다. 실제로 만나 면접한 사람은 모두 5대 대형 기업의 간부들로 50명도 더 넘었는데, 그들 중에서 이 연결 능력이 별로 뛰어나 보이지 않는 유형이 절반 이상이었다. 이처럼 **통찰력의 에너지는 소위 타고난 머리의 우열과 비슷한 개념**이다.

| 공감력 | 타인과의 관계 맺음을 즐기는 사람

공감력의 부분 집합 중 하나는 **맺음**이다. 이들은 상대와 자신 사이에 연결 지을 수 있는 포인트를 무의식적으로 찾는다. 그리고 그 연결 고리를 단단히 묶어 자신의 비전과 아이디어를 전달한다. 다시 말해 **타인과 관계 맺는 일에 강한 희열을 느끼는 사람들**이다. 거기에서 새로운 이야기가 펼쳐진다는 사실에 큰 기쁨을 느낀다. 이 성향이 강한 사람은 부탁하지도 않았는데 맺음 포인트가 있을 법한 제삼자를 기꺼이 소개해주는 일이 많다.

또 하나는 **울림**이다. **본인이 일으킨 반향에 스스로 고취되는 사람들**이 이 유형이다. 이들은 음과 음의 공진처럼 무의식적으로 에너지 교환을 추구하여 그 에너지가 짧은 시간 사이에 점점 높아진다. 이런 성향이 강한 사람은 잘 웃는 특징이 있다. 심지어 다른 사람의 이야기에 웃는 것이 아니라 자신이 말하면서 까르르 웃는다. 그 웃음은 눈앞에 마주하고 있는 사람과의 공진을 무의식적으로 추구하는 욕구에서 나오는, 일종의 자기 충전형 행위라고 볼 수 있다.

| 담력 | 결단하고 절제하는 데서 에너지를 얻는 사람

마지막은 담력인데, 이 부분 집합 중 하나는 **결단**이다. **망설일지언정 곧 단호하게 각오하고 마음을 굳힌다.** 결단을 내린다는 뜻이다. 이때 핵심은 궁지에 몰려 어느 한쪽으로 결단을 내리는 것이 아니라는 것이다. 장렬한 에피소드를 되돌아보면서 어딘가 기쁜 듯이 자랑스럽게, 에너지 넘치는 모습으로 이야기하는 사람들이 있다. 이들이 여기서 말하는 결단력이 강한 유형이다.

이 부류의 사람들은 역경을 무척 반긴다. 오히려 자진해서 역경에 달려들어 신기하게도 기쁨을 느끼기까지 한다. 성공한 스타트업 경영자들이 전형적으로 이 유형에 많다. '실패하지 않겠어!' 하고 생각하면서도 자금 변동에 어려움이 생겨 위기에 빠지면 오히려 즐거운 듯이 보인다. 이런 사람은 면접 자리에서 바로 알아볼 수 있다. 과거에 역경에 처했던 이야기를 하면서 눈을 반짝이거나 목소리 톤이 올라가기 때문이다.

담력의 부분 집합 가운데 또 하나는 **절제**다. 굉장히 큰 성공을 코앞에 두고도 무척 겸허한 태도를 보이는 특이한 사람이 이 세상에는 존재한다. '나는 반드시 해낸다!'라고 믿는 반면에 '나는 아직도 멀었어. 아직 만족할 만한 수준이 아니야. 나 자신을 엄격하게 다뤄야만 해.' 하고 자신을 통제하며 그 벽을 넘어서려고 도

전하는 데 높은 에너지를 발하는 사람들이다. 이런 사람들은 믿으면서도 믿지 않는 상태, 즉 자신감과 겸손이 공존하는 모순을 마음속 깊은 곳에서 즐기고 있다.

때때로 "담력은 후천적으로 단련할 수 있지 않나요?" 하는 질문을 받는다. 확실히 고등학교 때 동아리에서 달리기 훈련을 한다거나 천재지변에 의한 가혹한 경험을 겪을 경우에 대담해지는 면은 있을지 모른다. 큰 병을 앓고 난 후 마음이 강해지는 사람도 있다. 여러 가지 고난을 겪다 보면 도망치지 않고 맞설 수 있게 될지도 모른다. 하지만 이러한 일들은 지하 1층에 해당하는 역량의 성과 지향이나 변혁 지향 등의 행동 특성 영역으로 봐야 하며 분명히 후천적으로 단련할 수 있다.

반면에 여기서 말하는 지하 2층, 잠재력의 담력은 그러한 위기 상황에 빠지면 빠질수록 가슴이 설렌다거나 오히려 위기의 국면을 추구하는, 어쩌면 **스스로도 통제할 수 없는 에너지를 가리키는 것이다.**

잠재력을 보면 미래가 보인다

면접자를 호기심, 통찰력, 공감력, 담력의 네 가지 모델로 파헤쳐 전체의 에너지 수준을 통합해서 평가하면 그 사람의 그릇 크기를 측정할 수 있다. 즉 상대의 '**잠재력＝발전 가능성**'이 보인다. 되풀이해 강조하지만 지상층 부분은 꾸밀 수도 있고 나중에 보완할 수도 있다. 설령 지식이나 경험, 기술이 없는 데다 변혁 지향과 성과 지향, 전략 지향의 발아가 아직 약하더라도 그 사람에게서 왠지 모르게 큰 잠재력이나 그 사람을 강하게 움직이는 뭔가의 존재를 느꼈다면, 개인으로는 적극적으로 사귀어야 하며 조직으로서는 적극적으로 채용해야 한다.

물론 네 가지 잠재력이 모두 크고 적절히 균형을 이루고 있다면 가장 이상적이다. 그러한 인재는 극히 드물지만 실제로 만난 적이 있다. 내가 이곤젠더에서 일하던 때 인상적이었던 인물이 떠오른다. 일본을 대표하는 기업 중 하나인 A사의 차기 사장을 발탁하는 프로젝트에서 간부 수십 명 가운데 사장으로 임명된 B씨였다. B씨는 연령으로 봤을 때 임원진 중에서 가장 말단이었고 경력 면에서도 독특했다. 사전 정보를 놓고 본 초기 평가에서는 의견이 갈렸던 인물이다.

3시간에 걸친 밀착 평가 면접을 마친 직후 나와 동료는 경탄의 한숨과 함께 아무 말도 하지 못한 채 서로 얼굴만 바라보았다. '뭐 이런 사람이 다 있지? 대박이잖아!' 하는 심정이었다. 이런 경우는 처음이었는데 둘이서 캘리브레이션(평가 조정 작업을 이렇게 부른다. - 역주)한 결과, 네 가지 잠재력 요소 모두에 거의 만점을 주었던 것이다.

좋은 사람이라든가 나쁜 사람이라든가, 좋다거나 싫다거나 그런 차원이 아니라 한마디로 인간으로서의 에너지가 엄청나게 컸다. 그가 말하는 에피소드도 전부 강렬하기가 이를 데 없었다. 행동량이 과도했으며 그가 당연하게 여기는 기준은, 보통 사람은 조금 의미를 이해하기 어려운 수준이었다. 그런 파격적인 성향이 있으면서도 스스로 깊이 내면을 들여다보며 겸허하게 자기 변혁에 힘을 쏟고 있었다. 어쩐지 세계의 과제를 책임지고 떠맡고자 하는 각오도 엿보였다. '괴물이잖아!' 하고 전율을 느꼈던 적은 그 이전에도 이후로도 이 사람뿐이었다.

만약 이 잠재력 모델이 없었다면 커다란 가능성을 느꼈다 하더라도 그 이유를 고객에게 논리적으로 설명하지 못해 그다지 설득력이 없었을 것이다. 이뿐인가. 우리 자신도 그가 적임자라는 확신을 갖지 못했을 게 분명하다. 이 잠재력 모델 덕분에 미지의 괴물에게서도 그 능력을 꿰뚫어볼 수 있었다(나중에 이 분은 사장으로 승격했는데 역시 멋지게, 이 대기업을 강렬한 카리스마로 이끌고 있다).

그렇다면 왜 군이 '잠재력' 같은 애매한 기준으로 봐야 하는 걸까? 확실하게 드러나 있는 능력인 '역량'만 봐도 충분하지 않

을까? 요즘 시대의 변화 속도는 따라잡기 어려울 정도다. 불확실성이 커져만 가는 상황이므로 인재를 과거의 평가 지표만으로 선별할 수 없다. 지금 자신이 맡아 하고 있는 업무나 역할에 필요한 능력이 2~3년 후에도 필요할 것이라고 장담할 수 있는가? 새로운 능력이 요구되지 않을 것이라고는 아무도 장담할 수 없다. 몇 살이 되어도 자신을 변혁하고 근본적인 사고방식을 바꾸어 힘차게 성장할 수 있는 잠재력을 지닌 사람만이 누구나, 혹은 어디에서나 원하는 인재다. 고르고 선택받는, 이런 '인적 자본 경영'이 필요한 시대로 돌입한 것이다. **우리는 과거가 아니라 미래를 읽어야 한다.**

사람을 움직이는 지하 3층 – 사명감과 열등감

지금까지 살펴본 지상 1층부터 지하 2층의 잠재력에 이르기까지의 흐름은 이곤젠더에서 익힌 내용을 최대한 알기 쉽게 정리해 소개한 것이다. 대기업의 최고 경영자를 평가하는 데는 지금까지의 설명으로 충분해 보인다.

하지만 문제가 발생했다. 앞서 말했듯이 이곤젠더를 퇴직하고 조조에서 일한 뒤, 2019년부터 나는 일본을 대표하는 독립계 벤처 캐피털 회사인 글로비스 캐피털 파트너스GCP로 이직해 창업가를 지원하는 업무를 담당하게 되었다. 이 회사에서는 수많은 창업가를 만나 사업 성장을 목표로 한 멘토링(경험과 지식이 풍부한 사람이 특정한 사람에게 지도와 조언을 하면서 실력과 잠재력을 개발시키는 일 – 역주)을 하고 때로는 자기 변혁을 위한 코칭을 하고 있다.

하지만 뛰어난 창업가의 특징을 이해하는 데 지하 2층까지의 이론으로는 설명되지 않는 사례가 늘어났다. 잠재력보다 한층 더 깊은 세계. 그곳에는 무엇이 펼쳐져 있는 것일까. 창업가를 창업가답게 하는 것은 무엇일까. 새로운 미래를 만드는 천재들이 공통적으로 발휘하는, 뭐라 표현하기 어려운 그 감각은 무엇이란 말인가.

수수께끼의 베일에 싸인, 한층 더 깊이 이어지는 계단의 문을 열고 지하 3층으로 나아갔다. 그곳에 펼쳐져 있는 것은 에너지원이다. 바꿔 말하면 그 사람의 **정신력**이다. 정신력이란 무엇일까. 짜릿짜릿하고 굉장한 노력을 이끌어내는 힘. 그것은 사명감이며 또한 열등감일 것이다.(그림 12)

사명감은 정신력의 원천이 되며 각 계층 요소들의 발달을 가속시키고 조합을 불러일으킨다. 예를 들면 의학의 길을 지향하는 사람은 이 길을 선택한 동기로 종종 이렇게 말한다. "어릴 때 가

그림 12. 정신력을 구성하는 사명감과 열등감

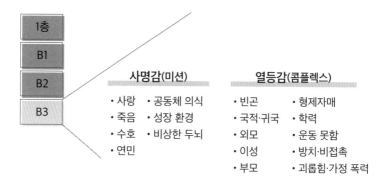

1층	
B1	
B2	
B3	

사명감(미션)

- 사랑 · 공동체 의식
- 죽음 · 성장 환경
- 수호 · 비상한 두뇌
- 연민

열등감(콤플렉스)

- 빈곤 · 형제자매
- 국적·귀국 · 학력
- 외모 · 운동 못함
- 이성 · 방치·비접촉
- 부모 · 괴롭힘·가정 폭력

족을 불치병으로 잃은 적이 있어서 내가 언젠가 그 병을 고치겠다고 결심했다." 어떤 사업가는 "젊을 때 여행한 개발도상국 아이들에게 뭔가 도움이 되고 싶다."라고 한다. 이것이 사명감이다.

이들처럼 후천적으로 사명감이 생기기도 하지만 선천적으로 사명감을 지니고 태어나는 경우도 있다. 예컨대 영재라 불리는 뛰어난 두뇌 소유자들이다. 그들을 어린 나이임에도 '이 능력은 세상을 위해, 인류를 위해 사용해야 해.' 하는 강한 사명감을 지녔다. 이렇게 사명감은 어지간한 일로는 흔들리지 않는 강인한 정신력을 그 인물에게 부여한다.

그렇다면 **열등감**은 무엇일까. 통상 열등감이라고 하면 부정적인 의미로 사용되는 경우가 많다. 그렇지만 사람의 성장이라는 관점에서 열등감 또한 사명감과 마찬가지로 그 사람의 인생이 발전하는 데 플러스로 작용하는 긍정적인 요소라고 믿는다. 이 점은 꼭 강조하고 싶다. 실제로 나는 열등감이 에너지원으로서 확률 변동을 만들어냈다고밖에 생각할 수 없는 경영자를 숱하게 만나 왔기 때문이다.

열등감을 소화하는 것이 인재다

세상 만물은 '음'과 '양'으로 나뉜다는 **음양 사상**이 있다. 사명감 과 열등감도 그 사람의 뿌리에 있는 마그마 같은 열정이 근원이 되는데, 한쪽은 바깥으로 향해 있고 한쪽은 안으로 향해 있다는 사실이 흥미롭다. 이른바 빛과 그림자다. 단순하게 생각하면 사 명감을 양으로, 열등감을 음으로 인식하기 쉽다. 그리고 검은색 이 차지하고 있는 음을 부정적인 에너지로 여길 것이다. 하지만 그렇지 않다.

음은 비유하자면 달, 밤, 겨울, 고요함이다. 음과 양은 어느 한 쪽이 좋고 어느 한쪽이 나쁘다는 식으로 나눌 수 없다. **반대쪽 존 재가 있기에 또 다른 한쪽도 성립되며 서로 자연스럽게 어우러**

져 있는 관계로, 양쪽 다 긍정적이 될 수 있다. 하지만 음도 양도, 본인이 한번 다크 사이드Dark side로 떨어지면 양쪽 다 부정적인 힘으로 바뀌고 만다. 똑같은 사명감과 열등감이 이번에는 강렬한 마이너스 파워가 되어 주위에까지 퍼져나가는 것이다.

영화 〈스타워즈〉의 쉬브 팰퍼틴을 떠올려보자. 팰퍼틴은 시스의 군주(음)로 활동하면서 동시에 표면적으로는 나부의 정치가(양)로서 연기를 계속해왔다. 사명감이 있었는지는 확실하지 않지만 열등감은 강하게 갖고 있었다는 것이 이야기의 설정인 듯하다.

열망이 강한 사람일수록 그 이면은 치열하다. 열등감이 긍정적인 에너지로 작용하기도 하는 반면에 사명감 때문에 다크 사이드로 빠져들기도 한다. 한마디로 **음양이 모두 플러스 파워가 되어 표면에 드러나기도 하고 이면에서 마이너스 파워를 발휘할 수도 있다.**

지금까지 사례를 거론하면서 비밀 엄수 의무 때문에 익명으로 소개할 수밖에 없었던 데 대해서는 미안한 마음이다. 구체적으로 사례를 들어야 이미지를 떠올리기 쉬울 테니 이번에는 실명으로 설명하고자 한다. 이렇게 거론해도 폐가 되지 않을 사례로서, 누구나 잘 알고 있지만 나는 만나본 적이 없는 분 이야기를 해보겠다. 바로 소프트뱅크 그룹의 창업자인 손정의 회장이다. 미리 말하자면 나는 손정의라는 인물에 말할 수 없이 깊은 존경심을 품고 있어서 이후로도 그런 마음으로 써 내려감을 이해해주기 바란다.

많은 사람이 알고 있는 사실이겠지만 손정의 회장은 젊었을 때 전자사전의 근원이 된 전자번역기를 발명해 큰 성공을 이뤄 억 단위의 돈을 벌었다. 벌어둔 돈만으로도 여유로운 생활을 영위할 수 있었을 것이다. 그런데도 마치 무언가가 강하게 밀어붙이기라도 하듯 끝없이 사업을 확대하면서 가시밭길이라고도 할 수 있는 길을 40년 이상 달려오고 있다.

그 원동력은 사명감과 마찬가지로 열등감도 컸던 데서 비롯되었다고 추측한다. 그에게는 그림 12에서 소개한 사명감과 열등감 요소 가운데 해당되는 항목이 굉장히 많았던 것 같다. 그렇기에 지금과 같은 경영자가 될 수 있었을 것이다. 손정의 회장은 그러한 일들을 지금은 이야기의 소재거리로 삼아 웃어넘기고 있다. 이런 그에게서 강렬한 양의 에너지를 느끼는 사람은 비단 나뿐만이 아닐 터이다. 나는 손 회장의 자서전과 어록을 읽거나 가까운 사람들에게 이야기를 들을 때마다 그는 결코 다크 사이드에 빠지지 않고 사명감과 열등감 이 두 가지를 긍정적인 파워로서 발휘하고 있다고 느끼곤 한다.

이렇게 말하는 나 자신도 키가 작고 머리가 큰 데다 좋아하는 옷을 입어도 어울리지 않는다. 하지만 오히려 그러한 열등감이 지금까지 열심히 살게 한 원동력이 되었다. 특히 10대, 20대에 그러했다. 30대 때도 여전히 배배 꼬인 열등감이 남아 있었다. 남들이 보면 필시 별것 아닌 열등감일 수도 있지만 내 나름대로는 그것이 큰 힘을 가져다주었다고 믿는다. 자신은 어떠한지 한번 되돌아보자. 이러한 부정적인 음의 사고에서 나오는 에너지, 열등감은 플러스가 될 수도, 마이너스가 될 수도 있다. 하지만 그 방향을 외부가 아닌 내부로 향하게 한다면 믿을 수 없을 만큼 굉장한 파워를 만들어낸다.

사명감과 열등감이 모두 약한 경우에는 어떤 일이 일어날까. 딱히 나쁜 일이 생기는 것은 아니다. 다만 세상을 움직일 만큼 대단하고 주목받은 인생이 될 일은 분명 없을 것이다. 이는 전혀 부끄러운 일이 아니며 오히려 행복에 가깝다고도 할 수 있다. 때때로 사람으로서의 잠재력이 무척 높은데도 이인자의 위치에 만족해 안주하거나 염세적인 생활을 하는 사람이 보인다. 이런 사람들은 대체로 사명감과 열등감, 둘 다 낮은 경우가 많다.

이 열등감과 사명감은 가장 깊은 층에 있기 때문에 타인이 알아차리거나 이해하기도 어렵고 바뀌기도 쉽지 않다. 그리고 그 위의 층 전체에 영향을 미친다. 이 책을 쓰는 중에 타계하신 교세라 창업자 이나모리 가즈오 전 회장은 생전에 '사고방식×열의

×능력'으로 인생과 일의 결과가 결정된다고 강조했다. 이 층의 열등감과 사명감이 사고방식의 부분에 가까울지도 모른다. 어떤 의미에서는 그 사람이 살아가는 철학에 가깝다.

열의나 능력이 아무리 높아도 사고방식이 잘못되어 있다면 성과는 마이너스가 되고 만다. 마찬가지로 **아무리 지식과 경험을 쌓고 역량을 갈고닦고 타고난 잠재력이 크다 해도 에너지원이 타인이나 환경으로 향하면 목표한 일을 완수할 수 없다.** 사명감과 열등감의 크기, 그리고 방향이 자신에게로 향해야 원하는 바를 끝까지 이뤄낼 수 있다.

사람 보는 눈은 기를 수 있다

본래 사람을 보는 안목은 살아가는 데 매우 중요한 기술이다. 그럼에도 이에 관한 세상의 인식이 미신이나 착각 수준에 머물러 있다는 것은 생각해보면 참으로 의아하다. 이 이유는 지금까지 안목이 객관적이고 과학적으로 분석되고 체계화되지 못했다는 데 있다. 쉽게 말해서 그 노하우가 확립되어 보급되지 않았기 때문이다.

왕년에 명포수로 활약하다가 은퇴 후에는 명감독으로 이름이 잘 알려져 있는 고 노무라 가쓰야는 도쿄 야쿠르트 스왈로스 감독 시절에 'ID야구'(선수에 관한 데이터를 근거로 야구를 파악하고 분석하는 이론 - 역주)를 고안해 일본 야구계에 신선한 혁명을 일으켰다.

그 이전의 일본 프로야구는 '재능으로 이길 수밖에 없다.'라는 요컨대 일부 천재 선수만이 활약할 수 있다는 암묵지(학습과 경험을 통해 개인에게 습득되어 있지만 말이나 글 등의 형식을 갖추어 표현할 수 없는 지식 - 역주)에 지배되던 세계였다. 하지만 노무라 감독은 데이터와 전술이라는, 선수 본인의 재능과 노력 이외의 요소를 경기에 적용함으로써 이러한 미신을 불식시켰다.

노무라 감독은 뛰어난 센스와 강철 같은 체력을 갖고 있지 않은 선수라도 지식과 기술을 연마해서 승리를 손에 넣을 수 있다는 사실을 증명해 보였다. 왜곡된 각인에서 벗어난 덕분에 묻혀 있던 재능을 꽃피운 선수가 많다. 이른바 노무라 부활 공장이다. 하지만 사람을 보는 학문(그런 것이 있다고 가정할 때의 이야기지만)은 흡사 ID야구 이전의 상태나 다름없다.

물론 야구처럼 데이터를 수집할 수 없기 때문에 전제가 다르기는 하다. 실제로 인재 발탁은 밀실에서 일대일로 이루어지는 경우가 많다. 하지만 '사람을 알아보는 안목이란 게 가설 검증을 할 수 없으므로 향상시킬 수 없다.'라는 각인에 갇혀서는 앞으로 나아갈 수가 없다. 선입견에서 벗어나 자유로워져야 사람 보는 눈을 연마할 수 있다.

제3장

최고의 인재를
알아보는
네 가지 기술

―――――

| 정돈 | 마음을 가다듬어라

이제 사람 보는 안목을 연마하기 위한 실천 기술을 알아보자. 내가 이곤젠더에서 실행했던 방법을 바탕으로 주로 회사의 채용 면접에 유용한 내용을 정리했다. 물론 면접뿐만 아니라 거래 협상, 회식, 맞선 등 적은 인원의 타인과 마주하는 상황 모두에 효과적이다.

먼저 자신의 마음을 바르게 정돈한다

첫째 키워드는 **정돈**이다. 사람을 보는 행위는 매우 섬세한 일이며 고도의 집중력이 필요하다. 따라서 가능한 한 자신의 마음을 가지런히 정돈해서 도전해야 한다. 그러나 사람들 대부분이 일과에 쫓긴다. 마치 벨트 컨베이어가 돌아가듯 끊임없이 해결해야 할 문제와 처리해야 할 업무가 닥쳐온다. 인간은 감정에 연연하는 생물이다. 만약 앞선 회의에서 무언가 때문에 짜증이 나면 다음 이어지는 회의에서도 미간을 찌푸린 채 인사를 하게 된다. 하지만 이런 상황은 바람직하지 못하다. 짧은 시간이라도 마음을 가다듬고 정돈하는 작업이 필요하다.

너무 당연한 일이라고 여길지도 모르지만 내가 자주 사용하는 손쉬운 방법이 바로 **심호흡**이다. 더욱이 바깥을 내다보면서 차를 마실 시간이 있다면 더없이 좋다. 그런 시간마저도 낼 수 없을 경우, 가령 다음 면담까지 3분밖에 남아 있지 않을 때 내가 최종 수단으로 삼는 방법은 상대의 이력서를 다시 검토하는 일이다. 상대의 이력서를 한 번 더 훑어보면 순식간에 기분이 전환된다. 사전에 이미 살펴보았다 하더라도 출신 대학이나 거쳐 온 회사의 근무 연수 등 세세한 부분은 빠뜨렸을 수 있다. 게다가 이렇게 자료를 들여다보기만 해도 저절로 자신의 의식이 이제 곧 만날 상대를 향하게 된다. 또 뇌가 활성화하기 시작한다는 장점이 있다.

가령 연봉 1000만 엔, 한화로 8000만 원이 넘는 사람을 만날 때는 미리 구글에서 이름을 검색해본다. 의외로 미디어에 노출된 이력이 있을지도 모르기 때문이다. 최근에는 엑스X(일론 머스크가 구 트위터를 인수해 바꾼 브랜드명 – 역주)도 사전 조사에 많이 활용한다. 이력서나 회사 홈페이지에는 무난한 내용밖에 쓰여 있지 않지만 트위터에서 속내를 드러내는 일이 많다. 뜻밖의 취미를 즐기는 사람일지도 모른다. 팔로워가 몇만 명이나 되는 인플루언서라면 채용 후 무기가 될 수도 있다. 또 당연한 말이지만 위험인물을 가려내는 데도 유용하다. 외자계 근무 경력직이나 경영진이 대상이라면 세계 최대의 비즈니스 전문 소셜미디어인 링크드인 LinkedIn을 이용하는 방법도 추천하고 싶다.

앉는 법 하나만으로도 긴장을 완화할 수 있다

사람의 마음은 **장소**에 따라서도 크게 달라진다. 편안한 공간에서는 역시 기분 좋은 미팅이 이루어질 것이다. 재즈가 흐르는 마음 편한 공간이라면 좋겠지만, 안타깝게도 면접은 대부분 딱딱한 분위기가 감도는 회의실이나 비좁은 카페 테이블을 사이에 두고 실시된다. 가만히 생각해보면 처음 만나는 사람끼리 느닷없이 밀실에서, 그것도 단둘이서 대화를 나눠야 한다는 건 낯선 일이다. 그런 공간에서는 피차 긴장하기 마련이다. 나도 처음 만나는 상대를 마주하면 지금도 약간 긴장한다.

그러나 **앉는 법**만으로도 어느 정도 긴장을 누그러뜨릴 수 있다. 가령 일대일로 면담하는 경우 의자를 정면으로 마주하고 앉으면 경찰서 취조실 같은 느낌이 들 수 있으니 지양하라. 사람은 정면으로 마주 앉으면 공포를 느끼는 법이다. 그렇다고 테이블의 양 끄트머리에 대각선으로 앉는 것도 자연스럽지 않다.

그래서 나는 상대를 인터뷰할 때 의식적으로 주먹 하나의 거리만큼 의자를 비스듬히 엇갈리게 두고 앉는다. 그렇게 앉는 위치를 살짝 틀어 의도적으로 편안한 분위기를 만든다. 그러면 서로 정면으로 얼굴을 마주 보지 않아도 된다. 게다가 면담이 시작되어 긴장이 다소 풀리면 몸도 살짝 기울여 보라. 이렇듯 상대와 정면으로 마주하지 않기만 해도 심리적으로 편해지고 분위기가 부드러워진다.

면접할 때 이상적인 인원수는?

면접할 때 **인원수**는 중요하다. 이곤젠더에서는 아이돌을 뽑는 오디션 프로처럼 여러 명의 면접관이 여러 명의 지원자를 마주하는 집단 면접은 거의 실시하지 않는다. VIP급의 임원진을 선발하는 자리인 만큼 기본적으로 일대일로 진행한다.

한편 인터뷰 하는 측이 여러 명일 때가 있다. 그래도 기껏해야 두 명이다. 세 사람 이상이면 압박 면접이 되기 때문이다. 사실은 두 명도 압박감은 크다. 그래서 나는 기본적으로 일대일 면접을 권장한다. 압박 면접을 해서 얻는 이점은 전혀 없다. 대졸자 신규 채용도 마찬가지다. 압박 면접 신봉자의 논리를 들어보면 '압박을 느끼는 상황에서 상대가 어떻게 반응하는지 테스트하고 싶어서.'라는데 이는 절대로 잘못 짚은 전략이다. 면접 때 느끼는 압박과 업무에서 받는 압박은 별개이기 때문이다.

단순히 좁은 밀실 공간이 불편하다는 지원자도 있을 테고 면접에 익숙한 사람이라면 흔히 있는 일이라며 여유 있게 매뉴얼대로 반응을 보일지도 모른다. 어느 경우든 압박 면접은 상대에 대한 존중이 부족할뿐더러 오히려 상대의 능력을 제대로 찾아내지 못해 재능 있는 인재를 놓치는 결과를 초래할 것이다.

어쨌든 '좋은 시간'을 만드는 데 최선을 다하라

만약 회사의 평판이 좋고 인기가 많아 입사 지원자가 끊임없이 몰려드는 상황이라고 해도 면접에서는 서로 좋은 시간을 만드는 데 최선을 다하는 것이 바람직하다. 막상 평가를 하게 되면 자신도 모르는 사이에 엄격한 자세를 취하기 쉽다. 물론 바짝 긴장된 분위기도 좋지만 그렇다고 굳이 딱딱한 분위기를 만들 필요는 없다. 상대에게 압박감을 느끼게 한다면 결코 좋은 인상을 주지 못할 것이다. 절대로 거들먹거리거나 젠체하지 말고 "귀중한 시간을 내주셔서 감사합니다." "몇 가지 질문하고 싶습니다만." 하고 상대를 존중하면서도 흥미진진한 자세로 면담에 임해야 하며, 무엇보다 면접을 즐기도록 하라. 그런 태도를 취하지 않으면 상대에게 실례고 면접 효과도 떨어질 뿐만 아니라 회사에 대한 평판이 나빠질 위험성마저 커지기 때문이다.

요즘은 SNS를 통해 비방과 온갖 악성 댓글이 순식간에 전 세계로 퍼져 돌아다니는 시대다. 만약 면접 때 상대를 언짢게 만들고 게다가 최종적으로 채용도 하지 않았다면 SNS에 어떤 말이 돌아다닐지 모른다. 만약 채용되었다 하더라도 자신을 불쾌하게 한 회사에서 최고의 기량을 발휘할 수 있을까? 서로 좋은 시간으로 만들려면 역시 시작이 중요하다.

면접 시작 전에 상대를 상상하면서 오늘은 어떤 것을 물어볼지 시뮬레이션을 해보는 것이 좋다. 그리고 일단 어깨에서 힘을 빼고 서로 즐거운 시간을 만들겠다는 마음으로 면접 장소로 향해야 한다. "만나 뵙기를 고대하고 있었습니다!" 이렇게 웃는 낯으로 말을 건네자. 환한 인사만으로도 상대는 당신에게 호의를 느끼기 시작할 것이다. 상대는 면접을 앞두고 적잖이 긴장할 것이고 지금까지의 경험으로 미루어 보아 대체로 면접관들은 거들먹거리면서 이것저것 심문하듯이 질문을 던질 것이라고 예상했을 터이다. 그런 식으로 질문이 날아들 것이라고 단단히 각오하고 있을 때 의외로 면접관이 웃음을 띠며 나타났으니 호감을 느끼지 않을 수가 없다. 설령 중년 아저씨끼리라도 다소 감동적인 순간을 만들 수 있다.

｜완화｜ 감정은 전파된다

더 나아가 이상적인 면접을 하려면 상대를 편안하게 해주는 것이 중요하다. 긴장이 풀리고 편안해지면 대화가 탄력을 받을 뿐만 아니라 상대의 참모습이 드러난다. 딱딱하고 고지식한 로봇 같은 사람인가 싶었는데 약간 긴장이 풀어지니 농담도 하고 의외로 인간미가 넘치는 사람이라고 생각할 수도 있다. 면접용으로 만들어진 '비상 모드'의 얼굴보다 그 사람 본래의 '평소 모드'의 얼굴이, 앞으로 함께 일하고 싶은 사람인지 아닌지를 판단하는 데 도움이 된다. 물론 일뿐만이 아니라 사적인 만남의 경우도 마찬가지다.

상대를 편안하게 해주는 궁극의 방법

그렇다면 어떻게 해야 상대를 편안하게 해줄 수 있을까? 재치 있는 농담? 무심코 열중해 쳐다보게 만들 마술? 그래서는 면접관이 모두 코미디언이나 마술사가 아니고는 일할 수 없을지도 모른다. 그런 달변가나 손재주가 뛰어난 사람이 아니더라도 누구나 실천할 수 있는 방법이 있다. 바로 **자신이 긴장을 풀고 편해지는 것**이다.

인간의 감정은 의외로 쉽게 타인에게 전파된다. 성인의 몸은

약 60퍼센트가 수분으로 이루어진다. 새의 날갯짓이 연못의 수면에 영향을 미치듯이, 마주 보고 있는 인간끼리의 파동이 서로에게 영향을 미치는 것은 당연한 일이다. 나도 지금까지 5000명이 넘는 사람들을 마주하고 면접을 해왔는데 '파동의 전파'가 존재한다는 것을 정말로 실감한다.

자신이 조바심을 내면 상대도 조바심이 나게 되고 내 쪽이 평온한 마음으로 대하면 상대도 평온한 표정이 된다. 특히 첫 대면일 때는 내가 먼저 적극적으로 온화하게 대해서 좋은 파동을 만들어내는 것이 무엇보다 중요하다.

단 커피 한 잔이 가져다주는 커다란 효과

면접과 협상, 회의에서 음료를 대접받는 일이 많을 것이다. 최근에는 대개 페트병에 든 물이나 차를 눈앞에 놓아두고는 한다. 참위생적인 방법이다. 게다가 효율적이기까지 하다. "커피 드시겠어요, 차를 드시겠어요?" "찬 음료가 좋으세요, 아니면 따뜻한 게 좋으세요?" "설탕이나 크림 넣으세요?" 이런 식으로 일일이 묻지 않아도 된다.

하지만 대개는 제대로 된 잔에 커피나 차를 내줄 때 더 기뻐한다. 마음 써서 커피나 차를 끓여 대접해주는 정성에 고마워하고 특히 추운 날에는 따뜻한 차, 더운 날에는 시원한 음료 한 잔이 마음을 편안하게 해준다.

덧붙여 말하자면 이곤젠더에서는 정성껏 끓인 커피를 고급 찻잔에 따라 비서가 갖다주곤 했다. 그밖에도 미국 뉴욕을 거점으로 하는 글로벌 사모펀드 운용사 콜버그크래비스로버츠Kohlberg Kravis Roberts, 럭셔리 브랜드를 총괄하는 모엣 헤네시 루이비통Moët Hennessy·Louis Vuitton S.A.을 방문하면 늘 커피를 내주는데 무척 좋은 원두를 사용한다. "그거야 여유 있는 사람들이니까 할 수 있는 거지."라고 말하기는 쉽다. 벤처기업 중에 오시로OSIRO라는 커뮤니티 서비스를 제공하며 현재 사원 20명 정도인 기업이 있는데 이곳에서도 역시 커피 한 잔을 내준다.

자신을 대접하는 정성스러운 마음을 싫어할 사람은 없다. 페트병에 든 음료를 내오는 편이 분명 시간과 비용은 절약된다. 하지만 그로 인해 면접 상대의 본모습을 파악하지 못한 채 평가하고 사람을 잘못 채용할 경우에 발생하는 기업 손실이 훨씬 더 크고 중요하다. 기껏해야 커피, 그렇지만 역시 커피다.

아이스 브레이킹은 역시 필요하다

이름 그대로 긴장해서 얼음처럼 굳어진 분위기와 마음을 녹인다는 의미다. 구체적으로는 회의나 협상을 시작하기 전에 간단한 게임이라든지 자기소개를 해서 어색한 분위기를 부드럽게 푸는 일이다. 이 아이스 브레이킹의 전략적 의의가 그다지 알려지지 않았고, 알고 있어도 생략하는 사람이 많지만 **처음 1분간의 짧은 대화를 활용하면 면접의 질(=정보 수집의 양)이 확연히 올라간다.** 시간을 쓸데없이 허비하는 것처럼 보일지 몰라도 절대 그렇지 않다. 오히려 효과적인 의사소통을 위해 필요한 일이다.

'그런 센스 있는 잡담은 잘 못하는데…' 하고 걱정하는 사람도 있을 것이다. 하지만 안심해도 된다. 나도 그다지 재치 있는 이야기는 할 줄 모른다. 썰렁하지 않고 반드시 성공하는 이야깃거리가 있는 것도 아니다. 아이스 브레이킹 모음집 같은 것을 만들어뒀다가 읽는다 한들 마음의 얼음이 녹지는 않을 것이다.

사실 아이스 브레이킹의 요령은 상대의 얼음이 아니라 '자신의 얼음'을 녹이는 데 있다. 어떻게 하면 내가 긴장이 풀릴지를 생각하자. 자신이 편안해지면 상대도 편안해진다는 이치는 앞서도 말한 대로다. "이제 곧 주말이네요."라든가 "오늘은 날씨가 좋은데요." 하고 서로 긍정적인 기분이 들 수 있는 한마디를 꺼내는 것도 좋다. 예전부터 많이 사용하는 이런 틀에 박힌 인사말은 우리 인류가 오랜 세월의 의사소통 끝에 체득한 최고의 진정 방법일지도 모른다.

감사의 마음을 전하자

더 쉽게 상대의 마음을 편안하게 풀어주는 방법이 있다. 바로 감사 전하기다. "여기까지 방문해 주셔서 고맙습니다."라고 말하면 된다. 영업직으로 일하는 사람들은 이런 감사의 말을 비교적 자연스럽게 하는 반면 내근직인 사람은 좀처럼 입을 떼기 어려워한다. 하루 종일 회사 내에서 잘 아는 사람들하고만 일을 하다 보니 모르는 상대를 찾아가 이야기하는 것이 얼마나 힘든 일인지 상상하지 못하는 것이다. 게다가 **면접 자리에는 고용해 주겠다는 심리가 무의식적으로 작동하는 것도 감사의 말을 전하지 못하는 요인**이다. 계약해 주겠다. 돈을 지급해 주겠다. 이런 마음이 훤히 보이면 상대는 마음을 열지 않는다.

애초에 면접은 무엇을 위해 실시하는가? 상대는 사외 사람이며 어떤 의미에서는 고객이기도 하다. 그렇게 생각하면 감사의 말이 자연스럽게 나올 것이다.

자신의 마음에 드리워진 장벽을 걷어내는 훈련

결국 상대의 마음을 편안하게 해주려면 자신이 긴장을 풀고 본모습을 보여야 한다. 있는 그대로의 본모습이 되려면 어떻게 해야 할까. 훈련이라고 말하기는 거창하지만 내가 유념하는 사항이 두 가지 있다.

하나는 **자신의 약점을 말하는 데 익숙**해지는 일이다. 어떤 내용이라도 좋다. "전 정말로 집안일을 잘 못해요." "휴대폰을 종종 잃어버리거든요." 사람을 보고 파악해야 하는 자리뿐만 아니라 평소의 대화에서도 이러한 한마디를 스스럼없이 꺼내보면 어떨까.

진지한 약점이 아니라 후후 웃을 수 있는 어설픈 자신의 모습을 평소에 스스럼없이 터놓으면 자연히 상대와의 사이를 가로막고 있는 장벽을 낮출 수 있다. 자신의 자존심쯤이야 별것 아니라고 진심으로 생각할 수 있게 된다. 그렇게 하다 보면 그야말로 역설적이지만 작고 보잘것없던 사람이 오히려 대단한 사람으로 변모해간다.

또 한 가지는 **자기 자신을 아는 일**이다. 있는 그대로의 자신을 드러내려면 진짜 자신이 어떤 사람인지를 알아야 한다. 안다는 건 이해하는 일이다. 그러려면 어느 정도 '언어화'할 필요가 있다. 자신의 모습을 언어화하라는 말이 어렵게 느껴질지 모르지만 의외로 많은 사람이 잘 알고 있는 방법이 있다. 바로 심리 테스트다.

권하고 싶은 방법은 MBTI라는 심리 테스트다. 이것은 유명한 심리학자 융의 이론을 토대로 캐서린 브리그스와 이사벨 마이어스 모녀가 1962년에 개발한 자기 보고식 성격유형지표다. 학술적으로 뒷받침되어 있는 자료는 아니므로 임상에서 사용할 수 없고 자기 보고식이어서 그때그때의 기분이나 경험에 좌우되기 쉽다. 하지만 자신의 심리적 성향을 가볍게 알아보는 데는 무척 편리하다. 덧붙이자면 나는 이 MBTI를 하면 '당신은 모험가입니다.'라는 답이 주로 나온다.

하지만 결과는 아무래도 상관없다. 이 테스트를 실시함으로써 자신에게로 의식을 향할 수 있다는 사실이 중요하다. '나는 이런 사람이구나.' 하는 성향을 언어로 인식해두면 돌아가야 할 '장소' 가 생긴다. 본모습 그대로의 자신으로 있을지 아닌지를 판단하기 쉬워지는 것이다. 이를테면 '그렇구나, 자잘한 데 신경 쓰지 않는 모험가다운 면모가 내 본모습이구나.' 하고 인식하면 어느 순간 '이런 자잘한 것에 신경 쓰는 건 내가 아니야.' 하며 자신으로 돌아갈 수 있는 것이다. 이 감각은 일상생활에서도 효과적이므로 꼭 시도해보기를 바란다.

반말식 언어의 절대적인 효과

이 또한 목적은 상대의 마음을 편하게 풀어주는 데 있다. 골치 아픈 게 바로 경어다. 경어로 말하면 어떤 친근한 말도 딱딱하게 들린다.

"실은 얼마 전에 무척 큰 무지개송어를 낚았습니다."

"그러셨습니까. 어느 정도의 크기였습니까?"

"30센티미터는 족히 될 것 같았습니다."

"굉장하군요. 즐거우셨습니까?"

"네, 즐거운 시간을 보냈습니다."

다소 과장해서 적었지만 모처럼 나누는 즐거운 이야기도 어딘가 분위기가 살아나지 않는다. 미국인이라면 다음과 같은 대화가 이루어질 것이다.

"실은 말이야, 요전번에 엄청 큰 무지개송어를 낚았어."

"오호, 얼마나 커?"

"30센티미터는 될 걸."

"진짜? 즐거웠겠네!"

"당연하지, 최고였다고!"

이 대화도 약간 과장이긴 하지만 경어가 없는 영미권에서는 처음 만난 사이라도 이렇게 반말 뉘앙스로 대화를 나눈다. 그 때문인지 영미권 사람들은 아이스 브레이킹도 노련하게 잘해서 상대를 편안하게 해준다.

여기서는 '인종 차이' 이상으로 '언어 차이'가 있다고 확신한다. 이렇게 조금 흉내 내보면 어떨까. 물론 첫 만남부터 반말을 하는 것은 실례지만 반말풍 언어를 나누는 것은 가능하다. 예를 들면 이런 느낌이다.

"굉장하군요"

↓ (반말풍으로 변환)

"대단한데요?"

"엄청 기뻤겠어요!"

반말풍의 언어를 의식해서 잘 활용하면 상대도 어느 정도 긴장이 풀린다. 이에 특별한 요령은 없다. 상대의 말에 반응을 보일 때 사용하거나 자신이 말할 때 시도해보면 된다.

이곤젠더에 입사한 직후에는 경어를 사용하던 습관이 빠지지 않아서 "역시 그렇습니까?" 하는 식으로 앞의 예제처럼 딱딱한 말투를 쓰곤 했다. 면접 자체도 어딘가 심문 모드였다. 하지만 그러던 어느 날 선배가 "오노 씨, 말투가 좀 어색해요. 더 편하게 말하면 좋겠어요." 하고 지적했다. 그로부터 조금씩 반말을 의식해서 사용하게 되었다.

컴퓨터로 메모하는 것은 피하라

손님이 왔을 때 페트병에 든 차를 내는 것 이상으로 안타까운 이야기인데, 최근에는 노트북을 눈앞에 꺼내놓고 면접을 하는 사례가 늘고 있다. 오프라인으로 얼굴을 마주하고 이야기하는 자리인데 노트북 화면을 보면서 키보드를 타닥타닥 두드리는 것은 좋지 않다. 면접을 보러 온 사람 입장에서 보면 면접관이 노트북에 메모하는 시늉을 하면서 인터넷 서핑을 하거나 SNS 메시지로 상사와 다른 업무 협의를 하는 것일지도 모른다는 불신감이 들 수도 있다. "당신 마음이 딴 데 가 있는 건 아닌가요? 이봐요!" 하고 소리치고 싶어질 것 같다. 그러는 동안 시선도 마주치지 않게 되고 결국은 벽을 향해 말하고 있는 듯한 느낌을 받을 것이 분명하다. 상대와 일대일로 마주하고 대하지 않고서 과연 사람을 제대로 볼 수 있을까.

이렇게까지 안타까운 행위가 만연하고 있는 데는 이유가 있다. 모두 바쁘기 때문이다. 면접이 끝난 순간, 아니 끝나기 전부터 들은 이야기를 정리해서 재빨리 송부하고 보고를 완료하고 싶은 것이다. 하지만 그것은 면접관에게 일방적으로 편리하고 업무 처리에 효율적인 방법일 뿐이다.

| 밝혀내기 | 경험한 것을 물어라

자신들이 원하는 인물상인지 아닌지를 알아내기 위해 면접 때 질문 포인트를 미리 설정해서 준비하는 회사가 많다. 대개는 협조성이나 단결력, 회사에 대한 공감, 기업 문화와의 상성 등에 관해 물어본다. 그 자체는 나쁘지 않지만 주목해야 할 사항은 정말로 알고 싶은 것을 제대로 밝혀내고 있는 회사가 적다는 사실이다. 그 원인은 대부분 질문이 잘못된 데 있다.

특히 질문의 핵심을 '그대로' 질문하는 사례가 적지 않다. 가령 협조성이 있는지 아닌지를 알고 싶을 때 "당신은 팀플레이를 할 수 있습니까?"라고 질문한다. 그런 질문을 받으면 상대는 '이 회사는 내가 팀플레이어인지 아닌지를 알고 싶어 하는구나.' 생각하고 바로 의도를 알아챈다. 그러면 "저는 팀플레이를 잘하며 대학 시절에는 럭비부였습니다." 하고 질문에 맞춰 대답할 것이다.

그밖에도 스트레스 내성을 측정하고 싶을 때 "당신은 스트레스를 어떻게 해소합니까?"라고 질문해 "사우나에 갑니다." 하는 대답이 돌아온다면, 과연 이 대화에 무슨 의미가 있단 말인가. 그래서는 '이런 질문을 받으면 당신은 어떻게 대답하겠습니까, 선수권 대회'에 지나지 않는다. 이러한 대화를 이끌어내는 질문으로는 면접의 의미를 찾을 수 없다.

어디까지나 에피소드를 이끌어내는 데 철저히 하라

앞에서도 언급했지만 중요한 것은 **경험에서 나온 일화**를 듣는 일이다. 처음에는 막연하게 물어도 좋다. 이를테면 "지금까지 일이나 인생에서 가장 자랑스럽게 여기는 행동은 어떤 것이었나요?" 하고 물어보자. 그 질문에 상대가 '이러이러한 일입니다.'라고 대답했다고 하자. 이때 즉시 **"그렇다면 그에 관련한 에피소드를 얘기해 주시겠어요?"** 하고 묻는 것이다. 이 방법의 이점은 내쪽에서 원하는 대답을 의도적으로 되받아치지 못하게 하는 데 있다.

만약 면접자가 팀과 잘 협력해서 하나의 프로젝트를 성공시킨 일을 가장 자랑스럽게 여긴다고 하자. 그것은 팀워크에 관해 질문을 받았기에 대답한 것이 아니라 그 사람 자신이 선택한 답이므로 신빙성이 있다. 분명 팀에서 일한 경험을 소중히 여기고 있는 것이다.

또 어떤 사람은 엉망이었던 물류 시스템을 통합 관리해서 매일 문제없이 배송했던 경험을 자랑스러워한다고 하자. 이 사람은 바람직한 자세, 올바른 프로세스, 책임감 있게 업무를 진행한 일을 중요시하는 사람이라는 것을 알 수 있다. 혹은 "제 목표 할

당량은 1400만 원이었는데 중순 무렵에 그 목표액을 넘어섰기에 스스로 목표액을 1500만 원으로 상향 수정하고 새로운 목표를 4개월 연속으로 달성했습니다."라고 이야기했다면 목표 달성 의식이 강하고 그것을 일의 궁극적인 목표로 인식한다는 의미다. 즉 에피소드에서 나온 내용의 중심이 어디에 있는지를 분석함으로써 먼저, 그 사람이 중요하게 여기는 가치관의 핵심을 알 수 있다. 그런 뒤에 더 파악하고 싶은 부분에 대해서는 에피소드를 바탕으로 포인트를 잡아 질문을 던지면 된다.

"지금 목표 할당량 설정에 관해 말씀해 주셨는데, 함께 일한 팀에 대해서도 이야기해 주시겠습니까?" 하는 식으로 물어보자. 이 질문은 팀워크에 관해 묻는 것이 아니다. 막연하게 팀에 관해 물었을 뿐이다. 그때 어떤 에피소드가 나올지를 기다리면 된다. "팀이라고 해도 라이벌이니까 서로 돕거나 한 적은 없습니다."라고 한다면 독불장군 같은 사람일 것이고 "모두가 연구하고 지혜를 모아서 목표를 달성했습니다."라는 이야기가 나온다면 그 사람은 협조성을 중요하게 여기는 것이 분명하다. 그 대답에는 면접관의 의도에 맞추려 의식하지 않은 자신의 솔직한 생각이 들어 있다. 이처럼 경험했던 이야기를 축으로 대화를 나누며 여러 각도에서 그 사람의 행동 특성을 밝혀내고 마지막에는 회사가 준비한 항목과 대조해보면 된다. 이 방법이 가장 좋다.

단 이때 주의해야 할 점이 있다. 단순히 에피소드를 듣기만 해서는 안 된다. 그 안에서 철저히 파고들어야 한다. 예를 들어 "지금까지 해온 방법으로는 하루에 50개밖에 발송하지 못했습니다만, 제가 제안한 방법으로 바꾸고부터는 하루에 120개를 발송할 수 있었습니다." 하는 전 유통 관계자의 에피소드를 듣고 "정말입니까? 대단하시네요." 하고 말을 끝낸다면 판단 자료로는 너무 부족하다. 이때 우리는 **"그래서? 그래서 어떻게 됐는데?"라고 질문하며 깊게 들어가야 한다.**

"그 50개에서 120개로 늘릴 때 얼마나 힘드셨어요?"

"그건 당신이 생각한 건가요?"

"그 일을 하려고 결심한 계기는 뭐였습니까?"

"그 제안에 반대하는 사람은 없었습니까?"

이렇게 "그렇습니까?"로 끝내지 말고 궁금한 점이 있으면 깊이 파고들어가 알아내는 것이 중요하다. 이것을 '딥 다이브'라고 한다. 거침없이 파고드는 데 주저하는 사람도 있겠다. 하지만 대화의 바탕이 되는 에피소드는 기본적으로 자신의 자랑 이야기이므로 상대가 더 자세히 파고들어 묻는다 해도 별로 기분이 상하지 않는다.

인재 선별에 필요한 것은 '의견'이 아니라 '사실'

에피소드를 듣고서 핵심을 파고드는 면접의 본질적인 이점은 사실만을 순수하게 추출할 수 있다는 것이다. 가령 팀 매니지먼트 능력을 알고 싶어 "당신의 이상적인 팀 매니지먼트 스타일은 어떤 건가요?" 하면 "한 사람 한 사람을 임파워먼트(리더가 업무수행에 필요한 책임과 권한, 자원에 대한 통제력 등을 부하에게 배분 또는 공유하는 일 – 역주)해서 모두의 힘이 10에서 100이 되는 팀을 만드는 것입니다."라는 식으로 단순히 의견을 듣고 끝날 가능성이 있다.

하지만 "팀 매니지먼트를 만족하게 해냈을 때의 이야기를 들려주십시오." 하고 구체적으로 파고들어 질문하면 상대는 의견이 아닌 사실을 이야기하게 된다. 물론 거짓말로 지어낼 수도 있겠지만 "그때 어떻게 했나요?" "어떤 형태였습니까?" "어떤 상태로 만드셨어요?" 하고 딥 다이브를 실행해 나가면 참모습을 밝혀낼 수 있다.

필요한 것은 사실이지 의견이 아니다. 하지만 많은 면접장이 "그런 경우는 이렇게 해야 한다고 생각합니다!" 하는 입사 지원자가 의견을 표명하는 자리가 되고 있다. 의견은 어디까지나 픽션이다. 그 사람의 실태도 능력도 아니다. 사람을 보는 데 의견은 필요 없다.

게다가 감정도 사람을 고를 때는 불필요한 요소다. '그때 어떤 기분이었나?' '화가 났나?' '기뻤나?' 같은 감정은 재현성이 별로 없다. 그때의 분위기나 상황에 좌우되기 때문이다. 그보다 더 중요한 것은 앞서 말한 행동 특성이다. 감정이 아니라 무엇을 했는가 하는 사실이다. 행동 특성은 재현성이 높기 때문이다. '많은 사람이 반대해도 해야 한다고 생각하면 돌파한다.'라고 말한 사람은 비슷한 일이 일어날 경우 역시 같은 행동을 취할 가능성이 크다.

기습을 가하라

한층 더 상대의 본모습을 밝혀내기 위한 상급 기술이 있다. 바로 기습을 가하는 것이다. 가령 A에게 자랑스러웠던 경험을 묻는다고 하자. A는 동료를 생각하는 마음이 깊고 인재 양성에도 열심이어서 전 직장 사람들이 좋은 상사라 하며 잘 따랐다고 말한다.

하지만 너무나도 완벽하다. 이야기가 지나치게 잘 맞아떨어진다. 영어로 'too good to be true(너무 상황이 좋아서 믿어지지 않는다.)'라고 하는데 아무래도 의심스러울 때는 느닷없이 이런 식으로 묻는 것이다. "그런데 A씨, 사실은 내향적인 성격이신가요?"

이는 어디까지나 예를 든 데 지나지 않지만, 명심할 점은 상대가 약간 움찔하고 당황할 만한 질문이어야 하고 또한 그 물음에

맥락이 없어야 한다. 하지만 이때 상대는 갑자기 의표를 찔리면 "아아, 실제로 그럴지도 모르겠네요." "실은 남몰래 엄청나게 노력해서 지금에 이른 거랍니다." 하고 무심코 속내를 드러내는 경우가 많다. 어쨌든 상대를 한 단계 더 깊이 알 수 있는 기술이다.

왜 느닷없이 기습을 가해야 할까? 면접에 앞서 만반의 준비를 해오는 사람이 있기 때문이다. 모든 상황을 예상하고 모범 답변을 완벽하게 연습해오는 사람, 한마디로 면접에 익숙해져 있는 사람이다. 그런 사람은 자신의 모습을 능숙하게 이론으로 무장한다. 하지만 면접관은 그 사람의 본모습을 보고 싶다. 정공법으로는 단단히 무장한 방어벽을 뚫을 수 없다. 그럴 때 의표를 찌르는 질문을 던지는 것이다. 그러면 순간 틈이 생긴다. 그 틈새에서 미리 준비해온 대답이 아닌 그 사람의 의외의 일면이 언뜻 보일 것이다.

다만 이 기술은 지나칠 정도로 자주 사용하면 효과가 떨어진다. 가장 바람직한 방법은 여러 가지 이야기를 듣고 난 후 마지막 결정적인 단계에서 훅 들어가 예상 밖의 질문을 던지는 것이다. 마치 셜록 홈즈가 불쑥 진범을 가리키며 "범인은 바로 당신입니다!" 하는 것처럼 말이다.

| 멍하니 보기 | 감성을 활성화하라

상대를 꿰뚫어보고자 하는 사람의 인지 능력, 즉 뇌의 컨디션이 좋지 않으면 올바른 판단을 내릴 수 없다. 뇌가 최상의 상태에서 활동하는 데 중요한 것이 디폴트 모드 네트워크**Default Mode Network**(이하 DMN)다. 직역하면 '아무것도 생각하지 않는 상태에서, 멍하니 안정 상태에 있는 뇌의 신경 활동'을 뜻한다. **인간의 뇌는 긴장하지 않고 편안한 상태일 때 가장 활성화**된다.

반대로 편안하지 않은 상태, 즉 문제 해결 모드에서만 사람을 보는 것은 무척 위험하다. 문제 해결 모드가 되면 각각의 현상밖에 눈에 들어오지 않아서 전체를 볼 수 없기 때문이다. 앞서 통찰력을 알아보는 데는 상대의 표정과 반응도 중요하다고 설명했다. 문제 해결 모드로 대화를 나누면 상대의 대답을 이해, 정리하는 데만 의식이 집중되어 표정과 반응 같은 중요한 판단 요소가 눈에 들어오지 않는다. 따라서 면접 등 사람을 인터뷰할 때는(상대의 말을 캐치해 논리적으로 파고드는 '딥 다이브'를 할 때 외에) 뇌에 긴장을 풀어주고 감각적으로는 멍하니 있는 상태에서 DMN을 작동시켜야 한다.

물론 언제까지나 멍하니 있으면 일을 할 수 없다. 뇌를 DMN 상태로 해야 하는 타이밍이 있다. 바로 상대의 잠재력이나 에너지원과 같은 그 사람의 깊숙한 부분을 확인하고자 할 때다. 이 경우에는 본다기보다는 그 사람이 내뿜는 에너지를 받아들인다고 말하는 편이 더 와닿을지 모른다. 영화배우이자 무술가였던 이소룡의 명대사를 빌리자면 "Don't think. FEEL!(생각하지 마. 느껴!)"이다. 또한 DMN 상태로 들어가는 방법에는 요령이 있다.

① 숨을 내쉰다.
② 마음을 편안히 하기 쉬운 자세를 취한다.
③ 눈의 초점을 넓힌다.

드라이브를 하면서 라디오를 듣고 있는 상태와 흡사하다. 도로를 보고는 있지만 도로의 한 점을 집중해서 보는 것이 아니라 주위의 경치도 시야에 넣고서 멍하니 전체를 바라보는 감각이다. 혹은 앞을 보며 걷고 있지만 동시에 발밑을 기어가는 개미가 눈에 들어오는 것과 비슷하다. 좀처럼 말로 설명하기는 어렵지만 익숙해지면 누구나 그런 상태로 자신의 감각을 이끌어갈 수 있다. 상당히 높은 수준의 기술이므로 처음에는 어렵게 느껴질 테지만 평소 면접 등의 자리에서 의식적으로 멍하니 있는 순간을 만들다 보면 어느새 할 수 있게 된다.

께름칙함을 무시하지 마라

한차례 이야기를 다 듣고 난 후, 이렇다 할 이유도 없는데 왠지 그 사람에게서 미심쩍거나 혹은 뭔가 석연치 않음을 느낀 적 있는가? 이는 상대가 내보내는 신호를 뇌가 무의식적으로 감지하기 때문이다. 만약 그런 찜찜한 기분이 들면 '기분 탓인가?' 하고 무심히 넘기지 말고 '뭔가 있을지도 몰라.' 하고 의심해보는 것이 좋다.

미리 밝혀두지만 외모가 마음에 들지 않는다든가 말투가 못마땅하다는 등의 편견이나 첫인상을 말하는 것이 아니다. 철저하게 상대를 통찰하고 논리적인 시행착오를 겪은 후에 떠오르는 묘한 위화감을 무시해서는 안 된다는 의미다. 이는 인간의 뇌에 주어진 위험 감지 능력인지도 모른다.

또 하나 주의해야 할 점은 뇌는 시간을 들여 고생해온 것을 부정하지 않으려는 경향이 있다는 사실이다. 아무래도 수상쩍다는 생각이 머리에 떠올랐지만 지금까지의 고생이 뇌리를 스쳐 '그럴 리가 없어. 좋은 사람인 게 분명해.' 하고 억지로 의심을 없애려고 할 때가 있다. 지금까지 시간을 들였으므로 자신이 옳다고 믿는 정상성 편향(위기나 부정적인 일을 무시하거나 과소평가하는 성향 - 역주)의 일종이다. 이러한 편향이 작용하고 있을지 모른다는 사실을 명심하고 자신의 뇌에 떠오른 위화감을 확실히 파악한다면 사람 보는 데 일가견이 있는 달인의 경지로 한 발짝 다가설 수 있다.

자신에게 도취하지 말아야 하는 중요한 이유

인터뷰를 마쳤을 때 '오늘은 정말 좋은 이야기를 들었군!' 하는 생각이 들 때가 있다. 무의식적인 의심과는 반대인 셈이다. 하지만 그것은 표면적인 열광일지도 모른다. 사실은 그렇지 않을 수도 있다.

묘하게 느껴지는 위화감을 무시하지 말아야 하는 것과 마찬가지로 '오늘은 분위기가 무척 좋아. 최고였어. 예감이 좋은데!' 하는 충동에 넘어가서도 안 된다. 이 느낌 또한 사람을 보는 데는 무척 위험하다. 이때는 한발 물러서서 '잠깐만! 이야기를 들으면서 정말로 놓친 부분이 없었나?' '너무 완벽한 거 아냐?' 하고 의심해볼 일이다. **자신의 감각을 과대평가하지 말아야 한다.** 결국 사람을 보고 판단하는 행위에는 자신의 종합적인 능력─지력, 체력, 지각, 신체 감각 등 모든 센스─을 총동원해야 한다.

뇌의 DMN 같은 것까지 말하기 시작하면 오컬트의 세계로 오인받을 수도 있다. 하지만 이는 모든 신경을 다 동원한, 게다가 의식을 넘어선 무의식 영역에서의 승부다. 스포츠의 세계에서 자주 듣는 존zone으로 들어가는 듯한 감각이다. 이렇다 보니 내가 이곤젠더에 갓 들어간 신입이었을 때는 매일 녹초가 되었다. 경영진을 등용할 때는 기본적으로 한 사람을 면접하는 데 3시간이 걸렸다. 그렇게 오전에 한 명, 오후에 한 명을 상대하고 나면 뇌가 지쳐서 단것이 먹고 싶어지고 집에 돌아가도 아내와 이야기조차 하기 힘든 경우가 일상다반사였다. 어쨌든 모두 그렇게까지 깊이 파고들 필요는 없지만 사람을 본다는 것은 그 정도로 의미가 깊다는 사실을 충분히 이해하기를 바란다.

면접에서 빠지기 쉬운 세 가지 함정

이번 장에서는 마지막으로 면접에서 일반인들이 빠지기 쉬운 함정에 관해 설명하겠다. **동기, 컬처 핏, 성격** 세 가지다.

동기 확인은 쓸모없는 일

잘못된 면접의 전형적인 예는 지원 동기를 묻는 것이다. 본래는 "왜 이 회사에 들어오고 싶으신가요?" 하고 이유를 묻는 질문이지만 대부분의 경우 "얼마만큼 이 회사에 들어오고 싶으십니까?" 하고 열의를 확인하는 의식이 되고 말았다.

열의에 관해 물으면 "저는 의욕이 넘칩니다." "예전부터 귀사에 무척 관심이 있었어요.”“이 일은 제 천직입니다. 인생을 걸고 일해보고 싶습니다.” 하고 얼마든지 꾸며 말할 수도 있다. 또 고용자 측인 회사에서 말하자면 '우리 회사에서 입사를 원하면 자네는 당연히 받아들일 거지?' 하고 다짐하는 데 지나지 않는다. **본래의 매칭이라는 의미에서 보면 전혀 쓸모없는 행위이다.**

확실히 말해서 동기가 있는 것이 당연하다. 동기가 있다 하더라도 능력이 없으면 회사에 짐만 될 뿐이다. 중요한 것은 회사가 요구하는 능력을 갖추고 있는가 아닌가 하는 잠재력이다. 따라서 면접에서 지원 동기를 묻는 것은 난센스다. 만약 아무래도 묻고 싶다면 “당신은 어떤 인생을 보내고 싶습니까?”라고 질문하자. 그 대답이 자사에서 일하는 데 연관이 있다면 그것으로 충분할 것이다. 나는 벤처 캐피털에서 일하고 있는데 스타트업 경영자에게 어떤 사람을 채용하고 싶냐고 물을 때가 있다. 하지만 아쉽게도 지금까지 많은 사람이 '의욕 있는 사람'이라고 대답했다. 어떠한 능력을 갖춘 인재를 원한다고 구체적으로 대답하는 사람이 매우 드물다.

컬처 핏이라는 크나큰 오해

컬처 핏 culture fit (기업의 조직 문화 또는 기업이 추구하는 방향과 채용 대상자와의 적합성 – 역주)도 지원 동기와 마찬가지로 매우 애매한 요소다. 회사의 문화에 잘 맞는 사람을 선택하겠다고 강조하는 회사일수록 실은 문화에 대해 잘 알지 못하는 경우가 많다. 귀사의 문화는 어떤 것이냐고 물으면 대개 "저희 문화는 누구와도 솔직하게 대화할 수 있다는 점입니다."라는 식으로 대답하는데, 이는 기업 문화의 표면적인 이야기다. 화기애애한 조직이라면 그러한 분위기도 좋지만 회사란 본래 사원 한 사람 한 사람이 능력을 발휘해 매출을 올리는 곳이다. **애초에 기업 문화는 결과적으로 자연히 생겨나는 것이며 계속 변화하기 마련이다.** 그렇기에 그다지 명확한 기준을 제시하기가 어렵다.

하지만 절대적인 지표가 될 수 있는 회사 문화의 기준이 두 가지 있다. 바로 회사의 평가 시스템과 권한 위임 시스템이다. **평가 시스템**은 간단히 말해서 '추구하는 성향'과 '급여 지급 방법'이다. 팀워크가 좋고 자기희생을 할 수 있는 사람을 더욱 높이 평가하는가, 아니면 개인으로서의 결과와 실적 공헌이 높은 사람을 더 높이 평가하는가. 그리고 고정급여가 많고 보너스에서는 별로 차이가 없는가, 실적에 따라 많은 보너스를 받을 수 있는가. 이두 가지 평가 시스템이 어떻게 구축되어 있는가는 기업 문화에 깊이 반영된다.

권한 위임 시스템이란 사안을 결정하는 방식을 가리킨다. 권한 위임의 정도가 그다지 크지 않으면 중앙집권적인 의사 결정

성향이 짙은 기업으로, 일의 결정 속도는 빠르지만 다면적인 검증은 건성으로 넘기기 쉽다. 반면에 위임이 잘되어 있는 체계라면, 오히려 다면적인 의견을 수렴하여 시시비비를 검토할 수 있지만 결정 속도는 늦어지기 마련이다. 이렇듯 기업 성향에 따라 어떤 사람이 적합한지가 달라지므로 어떤 유형의 회사에 그 사람이 적합한지를 살펴본다면 적합성을 확인할 수 있다. 친화력이 있다거나 맥주를 좋아한다거나, 그런 표면적인 문화 논의와는 전혀 차원이 다른 이야기다.

성격이라고 치부하고 넘어갈 위험

사실 사람을 보는 데 성격만큼 애매하고 위험한 개념은 없다. 보는 사람에 따라서 시각이 크게 달라지기 때문이다. 가령 A라는 사람을 두고 나는 사람을 보는 전문가이므로 '저 사람은 하려고 마음먹은 일은 무슨 일이 있어도 해낼 능력이 있는 사람이다.'라고 역량(행동 특성) 면에서 바라보고 판단한다. 하지만 훈련되지 않은 사람의 경우 '무슨 일이 있어도 해내야 직성이 풀리는 성격이다.' 하고 성격론으로 단정 짓고 넘어가는 일이 많다. 직성이 풀린다는 식으로 말하는 것은 보는 이의 편견이며 이 평가에는 계단 모양의 고저에 의한 판단을 적용할 수 없다. '그는 그런 사람이다.'라는 한마디로 끝나고 마는 것이다.

애초에 무엇을 근거로 성격이라고 치부하는 것인지도 애매하기 짝이 없다. 어떤 사람을 A씨, B씨, C씨 모두가 입을 모아 밝은 성격의 사람이라고 평가했다고 하자. 의견이 일치해서 좋다고 생각했지만, A씨는 그 사람의 호기심에 대해, B씨는 심리학적인 의미에서 외향적이라는 점을, 그리고 C씨는 외모의 분위기로 각각 밝다고 말했을 가능성이 있다. 제각각 평가하는 관점이 다른 것이다. 사장이 채용자 전원을 면접해서 결정하는 독단적인 기업이나, 연인 또는 결혼 상대를 선택하는 일이라면 그나마 괜찮지만 기업으로서 조직적으로 의사 결정을 내리는 경우에는 성격 평가를 신뢰할 수 없다.

당신이 내향적이든 외향적이든 상관없다

사람들이 사람 보는 안목을 진지하게 마주하지 않는 이유가 또 있다. 자신은 인재를 선별할 성격이 아니라고 생각하는 경우다.

"저는 수줍음이 많아서 상대를 깊이 알아보기가 어려워요."

"저는 누구와도 금세 친해지는 타입이 아니라서요."

이렇게 생각한다. 이 말인즉슨 조용하고 내향적인 성격은 인재를 알아보기에 크게 불리하다는 주장이다. 하지만 이는 큰 착각이며 일종의 도시 전설(확실한 근거가 없는데도 사실인 것처럼 사람들 사이에 퍼지는 놀라운 이야기 – 역주)이다. 실은 내향적인 사람이 훨씬 더 사람 보는 눈을 기르기 쉽다. 내향적인 사람일수록 자신과 상대를 객관적으로 보기 때문이다. 이들은 분석적인 태도로 사람을 대하는 경향이 있어서 굉장히 사교적인 사람들과 엇비슷할 정도로, 아니 오히려 그 사람들보다도 사람을 보는 눈을 연마하는 데 잘 맞는 경우가 더 많다.

이곤젠더의 전문가들은 매일 평균 3~4명과 만나는데 심지어 거의 매일 다른 상대를 마주한다. 그만큼 많은 사람들과 만나는 일을 해내는 프로들은 무척 외향적인 성격일 것이라고 대부분 상상하겠지만 실상은 그렇지 않다. 조용하고 생각이 깊은 내향인이 의외로 많다. 어디서든 금세 사람들의 중심이 되는 유형도 있지만 이들은 의외로 소수에 지나지 않는다. 실제로 글로벌하게 전 사원의 심리 테스트 결과를 집약해보니 내향적인 사람이 조금 더 많았다.

센스가 없다느니, 성격에 맞지 않는다느니 이렇게 여러 가지 오해와 선입견이 겹쳐서 사람을 보는 안목이라는 주제와 진지하게 마주하려고 하지 않는 안타까운 일이 비일비재하게 일어난다. 실로 아까운 일이라고 몇 번이고 강조하고 싶다.

제 4 장

안목 있는 리더가
되는 길

양의 힘을 무시하지 않는다

우리가 추구하는 목표는 당연히 인재를 알아보는 '달인'이 되는 것이다. 나는 사람을 보는 눈이란 '갖고 있다.' '갖고 있지 않다.'가 아니라 '얼마나 단련할 수 있는가.'라고 생각하기에 자연히 무도武道나 스포츠에 가깝다고 표현한다. 무도나 스포츠처럼 일정한 수준 이상이 되면서부터는 이론이나 기본을 아는 단계에서 머무르지 않고 실천을 거듭해 꾸준히 연마해야 하는 것과 마찬가지다.

이상적인 도달점은 **아무 생각하지 않아도 올바른 방법으로 사람을 알아보게 되는 것**이다. 사람을 본다는 것은 상대의 말뿐만 아니라 표정과 몸짓, 목소리 크기 등 온갖 언어 정보, 시각 정보,

청각 정보를 순식간에 읽어내고 통합해 비교 평가해야 하기 때문이다. 그런 것을 일일이 생각하면서 사람을 보다가는 시간 내에 평가를 내릴 수 없다.

이해하기 쉬운 사례가 있다. 나는 어릴 적부터 축구를 좋아했으며 직접 해본 적은 없지만 경기 관전을 무척 좋아했다. 그 시기에, 정확하게는 서른한 살 때 운명의 장난인지 일본 J리그의 비셀고베 구단의 임원이 되었다. 그때 프런트에서 함께 일하게 된 사람이 미우라 야스토시였다. 우리 세대에게는 J리그 초창기의 레전드 가운데 한 사람인 야스토시와 스타디움의 임원 전용석에서 매 시합을 함께 관전했다.

당시 나는 볼을 눈으로 좇는 데 집중했던 반면에 그는 디펜스 라인이나 벤치에 있는 스태프, 심판의 움직임까지 순식간에 파악하고 있었다. 같은 축구 시합을 보면서 나보다 10배 이상의 정보를 얻고 있었던 것이다. 물론 당사자는 무의식적으로 그렇게 여러 가지 일을 동시에 했을 것이다. 그렇게 되려면 우선 '의식적으로 보는' 행위를 철저히 반복해서 몸에 배게 해야 한다. 프로 야구의 홈런 타자가 볼이 날아든 순간에 어느 각도에서 어떻게 휘두르면 좋을지를 생각할 리가 없다. 몇만 번, 몇십만 번이고 배트를 휘두르며 스윙 연습을 거듭한 끝에 무의식적으로 결정타 한 방이 나오는 것이다.

그렇게 되려면 얼마나 훈련을 거듭해야 하는 걸까. 스포츠 세계에서는 한 사람 몫을 해내려면 1만 시간을 연습해야 한다고 말한다. 면접이나 면담을 1만 시간이나 할 수 있을까? 면접만으로는 어려울지 모르지만 사람과의 만남을 포함하면 아마도 가능할 것이다. 우리는 매일 친구나 직장 동료, 고객, 가족 등 많은 사람과 만난다. 그 시간을 하루에 5시간이라고 치면 2000일, 약 5년이 지나면 1만 시간에 달한다. 물론 멍하니 아무것도 생각하지 않고 만난 시간은 셀 수도 없다. 어떤 상대라도 일생에 한 번뿐인 소중한 인연이라고 생각하고 진지하게 마주한다면 1만 시간은 누구라도 달성할 수 있을 것이다.

진지하게 본다는 것은 어떤 의미일까? 그것은 생각하는 일이다. 일에서 누군가와 마찰이 생겼을 때 '뭐야, 저 인간. 재수 없어!' 하고 뇌까리고 끝낼 게 아니라 어디서 왜 잘못되었는지, 상성이 나쁜 건 아닌지, 자신에게도 부족한 점은 없었는지 등을 철저하게 곱씹어보는 것이다. 반대로 무척 훌륭하고 대단한 성공자라고 여겨지는 사람을 만났다면 이 사람은 어떤 점이 대단한지, 어떤 잠재능력이 높은지, 자신은 어느 위치에 있는지를 통찰해보는 습관을 들이면 좋다.

틀릴 수 있다는 겸허한 마음

사람 보는 안목을 길러 어느 정도까지 수준을 높이면 '나 제법 사람 보는 눈이 생겼는 걸!' 하고 으쓱해진다. 하지만 그럴 때 '좋았어! 나한테 맡겨.' 하고 도장 깨기라도 하는 듯한 기분으로 면접을 해도 결국은 번번이 기대에 못 미치는 사람을 채용하게 된다. 조금 더 파고들어 심도 있게 질문하면 좋았을 텐데, 다 파악한 것 같은 기분이 들어 거기서 끝을 맺는 바람에 본질적인 부분을 놓치고 만 것이다. 누구나 그런 함정에 빠질 가능성이 있다.

결국 사람을 보는 일은 끝이 없는 세계다. 타율 10할이란 절대로 있을 수 없다. 아무리 잘해도 7할이다. 아무리 전문가라도 3할은 실패한다. 나 또한 굉장히 자신하며 "이 사람은 괜찮습니다!"라고 소개한 사람 중 확실하게 성공했다고 느끼는 건 3할 정도다. 여기에다 대단히 성공한 것은 아니지만 제 역할을 잘 완수했다 싶은 사람을 합해야 겨우 7할이 된다. 남은 3할은 기대에서 벗어나기 마련이다. **이는 '간파'가 아니라 '판단' 부분에서 실패하는 경우가 많아서다.** 다시 말해 재능은 있지만 그 회사의 사풍에 맞지 않는다거나 그 직위에 걸맞지 않은 등 매칭 부분이다. 야구에 비유하면, 투수가 던진 볼의 구질이나 코스는 딱 좋았는데 배트 중심에 맞지 않았을 때 같은 느낌이다.

또한 타율 10할이 나오지 않는 이유는 사람이 일종의 다원적인 시스템이기 때문이다. 사람의 마음은 완전히 하나로 통합되지 않는다. 사람의 마음은 분산되어 있다고 주장하는 인지과학자도 있다. 일설에 의하면 사람의 마음을 장腸이 담당하고 있다는 주장도 있다. 인간은 아니지만, 곤충은 머리를 뗀 상태에서 다리에 식초를 부으면 가려워서 긁으려 한다고 한다. 이미 머리가 없는 데도 말이다.

한마디로 생물에게는 뇌신경 이외의 전달 시스템이 있어서 다원적이고 복잡하게 얽혀 있다. 그러한 사람의 마음이나 실태에 관해 생각하는 것은 우주를 말하는 것과 같이 난해하기 때문에 최종적으로는 '잘 모르겠어.' 하고 단념할 수밖에 없다. 그러므로 상대의 능력과 행동 특성을 완벽하게 꿰뚫어보고 더불어 상성까지 딱 맞다고 판단하는 것은 신의 영역에 가깝다. 그러므로 신보다 열등한 인간이 할 수 있는 일은 기껏해야 70퍼센트가 한계인 것이다. 따라서 사람 보는 전문가라면 어차피 그 정도라는 겸허함과 한편으로는 그 수준을 넘어서고 싶다는 강렬한 호기심이 필요하다.

쓰고, 쓰고, 또 써라

그렇다면 자신에게는 사람 보는 눈이 얼마나 있으며 얼마나 깊이 사고하고 있는지, 과신하지 않고 자신의 능력을 파악하고 싶을 때 활용하면 좋을 방법이 하나 있다. 이 중 하나가 바로 글로 쓰는 것이다. 내가 헤드헌터로 일하던 때는 면접 대상자 한 사람당 10장 정도의 리포트를 쓰곤 했다. 고객에게 조사 대상자가 어떤 사람인지를 보고하기 위해서다. 생각한 것을 문장으로 표현하다 보면 애매한 것들이 전부 드러난다. 써 내려가는 동안에 '아, 이걸 물어봤어야 하는데 깜빡했네.'라든가 '중요한 부분을 놓쳤어.' 하는 것들을 발견한다. 사람을 알아보는 데 부족한 부분이 부각되는 것이다.

　오래전 액센추어에서 신출내기 컨설턴트로 일하던 때 수도 없이 들은 말이 있다. 베테랑 전략 컨설턴트이자 선배였던, 비즈니스 교육 중심의 토라노몬 대학원 교수 미타니 고지는 매일같이 **"쓰지 못한다면 사고라고 할 수 없다."**라고 했다. 맞는 말이다. 다음 제시한 샘플은 실제로 내가 현직인 벤처 캐피털 업무에서 1시간의 면접 후에 대략 적은 내용을 개인이나 조직을 특정할 수 없게 수정한 자료다. 정해진 양식이 있는 게 아니라 재빨리 메모해서 제출한 것으로 20여 분 만에 써냈다. 이 일은 어떤 회사의 대표가 "재무 총괄 임원으로 점찍어둔 사람이 있는데, 그래도 혹시 모르니 전문가인 자네가 면접을 시행해주지 않겠나?"라고 부탁하여 시작됐다. 쓰지 못한다면 사고라고 할 수 없다는 의도를 이해할 수 있을 것이다.

A씨 간이 평가 리포트

2022년 △월 △일 11시부터 1시간 줌(zoom)으로 실시

기입자: GCPX 오노

① CFO로서의 스킬·경험: 부족

- A사에서 자금 유치를 리드. 투자가 커뮤니케이션, 통합에 공헌. 최종 적으로는 A씨의 입사 이전에 발생한 사안에 관련한 문제가 발생해 조달 자체가 취소됨.
- B사 매수 관련, A씨가 자신의 중심 업적으로 거론하지 않은 걸 보니 그 활약상이나 공헌도는 낮았을 가능성.
- 투자, 매수 실무에 관해서는 C사 시절에 투자펀드 등을 고객으로 한 프로젝트에서 얻은 경험을 바탕으로 하고 있음.
- 따라서 CFO로서의 능력과 경험은 아직 갖춰지지 않음. 현 단계에서는 경영기획, 프로젝트 매니지먼트 수준을 크게 넘어서지 못한 것으로 판단.

② 리더십 역량: 보통

【 전략성: 약간 높음 】

- 일의 개요를 파악하고 정리한 뒤에 퍼즐을 맞추듯이 해결해 나가는 능력 발휘. A사에서 20~200명 육성 과정에서 부장으로서의 다방면적인 강점을 발휘하여 통합하면서 추진.
- 일방적이고 추상적인 그림을 그리고 그 목표를 향해 실현해 나가는, 최상위층에서의 전략적인 의제 설정을 실행해온 실적은 눈에 띄지 않는다.

【 달성 지향: 약간 낮음 】

- 목표 달성 지향은 두드러지지 않음. 자신이 납득한 일만 움직이는 성향. 타인이 수치를 제시해주는 경우는 동기 부여가 되지 않는다고 발언. 반항 성향이 강하다고 자인.

【 변혁 지향: 보통 】

- C사 이후의 경험은 기본적으로 '도전→좌절' 패턴의 연쇄인데 그 과정에서 스스로 고심해 변혁을 꾀한 사례나 에피소드는 발견하지 못함.
- 사회 정의를 중시하며 '올곧은 남자'를 자인. 한편으로는 앞만 보고 달리다 부딪혀 실패하는 패턴을 반복한다는 것을 깨닫지 못함. 거기에는 방어기제가 발휘된 게 아닐까 사료됨.

③ 잠재력(성장 가능성): 약간 높음

【 호기심: 보통 】

- 폭넓은 분야에 관심이 있어 보이지는 않고 다양한 장르의 개척에 강한 에너지를 내는 모습은 찾을 수 없음. 특정한 일을 깊이 파고드는 점도 발견하지 못함. 공부에 대한 부모의 심리적 압박을 극복하는 데 청년기를 소모했기 때문에 그런 기질이 길러지지 않았을 가

능성 있음.

【 통찰력: 높음 】

• 이 점이 그의 최고 무기. 하나를 질문하면 열을 대답할 수 있는 유형. 개념 수준의 논의부터 다른 분야와의 공통성까지 찾아낼 능력을 지님. 그리고 이런 유의 질문에 에너지를 느낌.

【 공감력: 평가 불능 】

• 제한 시간이 임박해 팀 관리에 관한 이야기를 다 듣지는 못함. 본 항목은 평가가 불가능함. 다만 사람을 대하는 일에서 에너지를 얻는 성향이 있는 건 추측할 수 있음.

【 담력: 약간 낮음 】

• 인생에서 지금까지 큰 과제에 부딪혀 극복한 에피소드를 물었더니 (자신의 성공 체험인) 입시 공부한 경험을 꺼내 스케일이 작은 이야기가 전개됨.

• C사 시절에 사장과 충돌했던 일을 객관적으로 정리된 것처럼 말하면서도 아직껏 강한 스트레스를 느끼는 듯한 모습을 보임(시선이 흔들리고 호흡이 얕아지며 말이 빨라짐).

④ 그 외 관찰 사항

• 면접 마지막에 자신의 강점을 물었을 때 "그것은 '아는 사람이 알면 된다.'는 생각도 있다."라고 대답해, 스스로 자신을 높게 평가하고 있는 점이 오만한 형태로 표출된 건 아닌지 검증하고 싶음.

• 마찬가지 우려는 면접 중에 아이가 방으로 들어오자 갑자기 고압적인 태도로 반응하며 아이를 쫓아내는 모습이 관찰됨.

⑤ 종합 평가

- 이상으로 볼 때 CFO로서의 경험, 능력 개발은 아직 갖춰져 있지 않음. 하지만 톱 리더로서의 잠재력은 충분히 엿보임. 종합적으로는 귀사의 리더십 군단의 일원으로는 부족한 면이 있음. 다른 후보자와 비교해서 신중하게 검토하는 것이 좋지 않을까.
- 마음에 걸리는 점은 최근 연속된 좌절로 인해 자기 분석을 많이 하고 자기 탐색 모드가 된 지 오래된 모습. 실제로 표면적인 분석, 파악은 폭넓게 하고 있으며 비교적 순순히 과거의 실패를 돌아봄. 하지만 한편으로 자신이 타인에게 높은 평가를 받는 사람이라고 인식하는 데서 간극이 느껴짐. 과거의 성공 체험(입시, 컨설팅)에서 아직도 벗어나지 못하는 모습이 보여 이것이 성장하는 데 걸림돌이 되지 않을까 우려됨.

일할 때 이렇게까지 세부적으로 쓰기를 요구받는 사람은 많지 않겠지만, 그것은 정도 문제이다. 리더라면 리포트 쓰기를 소홀히 여겨선 안 된다. 만난 사람에 대한 평가 기록표를 남기는 것이 좋다. 나중에 돌이켜 보면서 처음 만났을 때 자신이 간과, 판단한 내용이 어땠는지를 검증할 수 있기 때문이다.

리포트 쓰는 요령은 가급적 만나서, 빠른 시일 내에 써야 한다는 점이다. 만난 직후에 가장 정보가 많고 신선하기 때문이다. 그리고 너무 골몰히 생각하거나 처음부터 체계적으로 쓰려고 하지 말고 느낀 점만을 쓱쓱 써 내려가자. 일단 정보를 전부 다운로드해 둔다는 생각으로 적으면 된다. 그러고 나서 그날 밤쯤 다시 고쳐 쓰고 그 사람을 생각하면서 '이런 점이 이러하니까 그는 분명 이러이러한 게 틀림없어.' 이런 식으로 다운로드한 데이터를 해석하는 것이다. 만난 직후에는 아무래도 조금은 흥분된 상태여서 냉정하게 판단하지 못할 수가 있다.

또 시간을 두고 다시 살펴봄으로써 수집한 언어 정보와 비언어 정보 양쪽에서 시그널signal과 노이즈noise를 구분할 수 있다. 잠자리에 들기 전 문득 '아, 그건 이런 뜻이었구나!' 하고 깨닫는 것과 비슷하다. 시그널은 그 사람을 판단하는 데 매우 중요한 징후고, 노이즈는 언뜻 중요해 보이지만 실은 하찮고 그 사람의 본질과는 그다지 관계없는 정보다. 이들을 취사선택하여 최종적으로 그 사람의 실상을 통합해 나가면 된다. 한 가지 덧붙이자면 면접 때 녹음은 하지 않는 것이 좋다. 상대가 경계심을 품을 수 있기 때문이다. 아무리 외부에 유출할 일은 없다고 말해도 한 번 경계심이 생긴 마음은 풀기 어렵다. 상대는 결코 솔직한 감정을 드러내지 않을 것이다.

메모도 숫자나 중요한 단어, 고유명사 정도로 표기해두고, 상대와 진지하게 마주보며 이야기해야 한다. 그리고 알아차린 상대의 반응, 예컨대 특정한 질문에 괴로운 표정을 보였다거나 질문을 어물쩍 넘기거나 말을 얼버무리는 등을 자신만이 아는 기호나 언어로 메모해두고 말한 내용은 기억하자. 그 정도가 실례되지 않고 상대에게 집중할 수 있는 한계일 것이다. 이러한 이유로, 상대에게서 알아내고 느낀 내용이 잊히기 전에 바로 정보를 다운로드해 둬야 한다.

"너 자신을 알라"

사람 보는 안목을 단련하는 데 아주 좋은 소재가 있다. 그것은 바로 자신이다. **자신의 마음이야말로 타인의 마음을 아는 데 최고의 샘플**이다.

　나는 꾸준히 노력하는 걸 못한다. 근력 훈련이나 단어 암기 등 결과가 어찌 될지 모르는 일을 묵묵히 계속하지 못하는 편이다. 예전에 비셀 고베 구단에서 일하던 시절, 일본의 유명 라이프 케어 브랜드 앙파angfa 주식회사 대표인 선배 가나야 고이치가 "어떤 일이든 시간을 들이지 않으면 안 돼. 꾸준히 거듭하는 게 중요하거든." 하고 조언해준 적이 있다. '그 말도 일리가 있네.' 하는 생각에 마음에 새겨두었지만, 역시 나는 어느 날 하루아침에 비셀 고베 구단을 그만두기로 결심했다. 내게는 명확한 이유와 신념을 가지고 하려 했던 일이 부당한 형태로 계속 부정당하면 그만둬버리는 습관이 있었다. 나중에 되돌아보고 나서야 무의식적으로 대립과 분쟁을 피하는 성향 때문인 것을 깨달았다.

물론 나만의 독특한 습관은 아닐 것이다. 형태는 다르겠지만 누구나 이러한 **무자각적인 습관**에서 비롯된 일들이 있지 않을까. 누구에게나 본인이 자각하지 못하는 새에 행하는 행동과 사고패턴이 있다는 것을 스스로 체감하고 언어화해서 이해해야 한다. 그렇지 않으면 타인에게도 무자각적인 행동과 사고의 패턴이 존재한다는 사실을 상상하지 못한다. 따라서 늘 자신을 연구 대상으로 삼아 지속적으로 통찰하는 것이 중요하다. 이러한 과정을 거쳐 터득할 수 있는 것은 **자신의 일조차 완전히 이해하지 못하는데 타인을 완벽하게 이해한다는 건 불가능하다**는 겸허한 마음가짐이다. 이는 리더가 안목을 기르는 데 매우 중요하다.

또 한 가지 이점은 상대의 무자각한 반응을 간파할 수 있다는 점이다. 예를 들어 나처럼 꾸준히 노력하는 일이 적성이 맞지 않는다고 생각하는 사람이 "옛날에는 끈기가 없었는데 지금은 꾸준히 반복해서 익혀야 할 필요성을 느낍니다."라고 했다고 치자. 이는 아무래도 곧이곧대로 받아들이기 어렵다. 무의식적인 행동 패턴을 자각하지 못한 채 나타나는 반응은 바뀌기 어렵기 때문이다. 좀처럼 바뀌지 않는 일은 반복된다. 반복되는 일에는 재현성이 있다. 재현성이 있는 일은 예측할 수 있다. 즉 사람 보는 눈을 단련하면 자신이나 상대가 장래에 할 수 있는 일을 예측하기가 가능해진다.

자각 편향과 무자각 편향을 숙지한다

사람 보는 눈이 있는 리더를 목표로 할 때 중요한 것이 있다. 얼마나 편향을 없앨 수 있느냐다. 그 전 단계로서 우선 편향의 존재 자체에 주목해보자.

편향에는 자각적 편향과 무자각 편향이 있다. 앞서도 이야기했듯이 인간의 마음은 다원적이다. 말로 설명할 수 있는 마음 세계와 말로는 설명할 수 없는 마음 세계가 있고 각각 자각적인 편향과 무자각 편향으로 이어져 있다.

자각적인 편향이란 옳은 정보나 사실을 알지 못하는 일 또는 역사적, 사회적 맥락(배경)에 의해 각인되는 '선입관'을 가리킨다. 이를테면 아프리카 사람은 모두 달리기를 잘한다든가 말을 천천히 하는 사람은 머리가 나쁘다는 생각은 완전히 억측이다. 이러한 선입관에 의한 편향은 인종, 성별, 종교, 성적 기호, 장애, 사회적 지위로 대립할 때 빈번히 나타난다. 이들은 대부분의 경우 자각적인 편향이므로 올바른 정보와 지식을 얻으면 해소되지만 반대로 자각적이기에 더욱더 악질인 경우도 있다. 차별과 편견이 그 전형적인 사례다.

반면에 **무자각 편향**은 인지심리학이나 사회심리학의 세계에서 '인지 편향'이라고 부른다. 이는 '어딘가 마음에 들지 않는다.'라든가 '왠지 호감이 간다.' 이런 유의 감각이다. 연구에 의하면 그 편향의 수는 무려 175가지나 된다고 한다. 전부 열거하기는 어려우니 사람을 볼 때 빠지기 쉬운 인지 편향을 몇 가지만 소개하겠다.

친근감 편향

비슷한 성향이 있는 사람을 높이 평가하는 편향이다. 예를 들어 잠재력 모델에는 '호기심' '통찰력' '공감력' '담력'이 네 가지 요소가 있다고 앞에서 설명했는데, 담력이 굉장히 강한 면접관은 담력이 강한 사람을 훌륭하다고 평가하는 경향이 있다. 자신과 비슷한 부류의 편을 들게 되는 법이다. 나는 호기심파이므로 호기심으로 똘똘 뭉친 사람을 만나면 호감을 느낀다. 면접은 평가하는 자리이므로 그렇게 되지 않도록 주의하고 있다.

반대로 다른 유형의 사람들을 볼 때는 더 엄격하게 보기도 한다. 호기심파는 담력파를 그다지 높게 평가하지 않는다. 내가 처음에 믹시의 가사하라 회장을 높게 평가하지 못했던 이유가 바로 여기에 있었다. 마찬가지로 통찰력파는 공감력파를 별로 높이 평가하지 않는다. 각각에 플러스와 마이너스, N극과 S극과 같이 상반하는 부분이 존재하는 것이다.

배경에 의한 편향

이를테면 SNS에서 팔로워가 많은 사람을 대단하다고 여기거나 "책을 썼습니다." 하는 말을 듣기만 해도 똑똑해 보이고, 또는 유명인이 추천한 음식점은 틀림없이 맛있을 것이라고 믿는 편향이다. 후광 효과라고도 한다.

면접에서는 특히 지인 소개를 주의해야 한다. 나는 지금 벤처캐피털에서 일하며 투자처에 사람을 소개할 때가 있는데, 상대가 '오노 씨가 소개했으니 문제없다.'라고 믿어 따로 또 확인하지 않고 바로 채용할 때가 있다. 이는 실로 무서운 일이다. 앞에서도 말했듯이 그 사람의 재능을 간파하기는커녕 그 회사에 맞는지 아닌지조차 판단하지 않기 때문이다. 적어도 어떤 직책에 적합한지 정도는 검토해야 한다.

외모 편향

이 편향은 앞서 말한 두 가지 성향과는 결이 다르다. 더욱 아름다운 남성, 여성에게 매력을 느낀다는 이야기다. 특히 이성을 볼 때는 그 영향이 크다. 세상을 둘러봐도 미인 스케이트 선수라든지 훈남 운동 선수, 이런 식으로 뭐든지 '외모의 아름다움'으로 한데 묶는 경향이 있다. 하지만 채용 상황에서는 결코 마이너스만이라고는 생각하지 않는다. 무리하게 배제할 필요는 없지 않을까. 매력적인 사람에게 끌리는 것은 인간이 본능이며 결과적으로 매력적인 사람일수록 성공하기 쉽기 때문이다.

여기서 오해하지 말아야 할 것은, 외모만으로 부당하게 차별받는 루키즘lookism 이야기를 하는 게 아니라는 사실이다. 루키즘은 명백한 차별이다. 하지만 세상에는 보편적으로 말하는 미인, 미남은 아니지만 매력적인 사람이 있다. 예를 들지는 않겠지만 '이 사람 왜 이렇게 인기가 많은 거지?' 하고 놀라게 되는 사람이 우리 주변에는 참으로 많다. 그런 사람을 포함한 '외모'라고 이해해주길 바란다.

인간에게는 이러한 편향이 있다는 사실을 이해하라. 그리고 오히려 그 점을 역이용해 매력적인 사람만 채용하는 방법도 있다. 영업직 등 사람을 마주해야 하는 일을 하는 사람은 물론, 내근직에서도 인간적인 매력이 있는 사람이 의사소통에 원만할 것이다.

외적인 아름다움에만 집착하느라 인간적인 매력이 부족한 사람이 있다. 이는 진정한 아름다움이 아니다. 사람을 고르는 자리에 위치한 사람에게는 이러한 미와 매력 부분을 냉정히 판단하는 균형 감각이 요구된다.

사람을 보는 데 과학적 방법 따위는 없다는 오해

많은 사람이 "사람을 보는 눈은 중요합니까?" 하는 질문을 받으면 "중요합니다."라고 대답한다. 설령 자신은 선천적으로 사람을 보는 안목이 없고 성격적으로도 맞지 않으며 배워도 능력이 길러지지 않는다고 생각하더라도 말이다. 실제로 오늘날처럼 한 치 앞도 보이지 않고 인과가 복잡하게 얽힌 시대에는 미래를 개척할 가능성이 있는, 창조적이고 변화에 강인한 인재를 채용하는 것이 관건이다. 이곤젠더라는 회사가 글로벌 비즈니스 세계에서 막강한 힘을 지닌 것이 그 증거다.

약간 전문적인 이야기로 들어가자면 최근 기업지배구조(기업 내부의 의사결정시스템, 이사회와 감사의 역할과 기능, 경영자와 주주와의 관계 등을 총칭한다. ─ 역주)에 경영진 평가나 인재 감정, 즉 제삼자 평가 리포트가 매우 중요시되고 있다.

사실 표면적으로는 그다지 드러나지 않았지만 제삼자 평가 리포트 도입이 최근 5년 사이 일본의 대기업에서도 상당히 가속화되는 추세다. 그 배경에는 창업자 같은 특정인이 차기 사장을 자의적으로 임명해서는 안 된다는 주주들의 강한 압력이 작용했다. 이를 전문 용어로 승계 계획이라고 한다. 임원 회의에서 확실히 선발 과정을 모니터링하고 경우에 따라서는 지명위원회를 구성해 주주의 기대에 부응할 능력이 있는 인재에게 계획적으로 경영 바통을 넘겨주는 것을 목적으로 한다.

제삼자 평가 리포트 작성은 주주들의 목소리가 큰 미국과 유럽을 중심으로 진화해왔다. 이 역사는 의외로 오래되어서 1980년대 후반에 대두되어 1990년대 중반에는 단숨에 진화, 침투했다. 이 분야에서 정상 자리를 차지하고 있는 2개의 기업이 바로 미국의 콘페리 Korn Ferry와 유럽의 이곤젠더이다.

이곤젠더는 그야말로 1980년대부터 클라우디오 페르난데즈 아라오즈의 리더십하에 하버드대학교, 예일대학교 같은 세계 최고의 학술기관 교수들과 협업하여 논의와 연구를 거듭하고 인재를 평가하기 위한 과학적 방법을 발달시켜 왔다. 아라오즈의 저서 《기업을 키우는 인사결정의 기술》에서는 승계 계획의 사고방식과 바람직한 자세가 각종 데이터와 함께 실려 있다. 이처럼 인재를 알아보는 안목에 관한 주제는 40년 가까이 된 오랜 역사가 있다는 사실을 알아두길 바란다.

처음에는 내가 과연 경영자의 자질을 간파하는 일을 할 수 있을까 하고 불안하기도 하고 미심쩍기도 했다. 그러나 복잡하지만 체계화된 트레이닝을 받고 선배에게서 배우며 실전 경험을 쌓아가는 동안에 서서히 요점을 파악할 수 있게 되었다. 그 결과 정말로 사람을 보는 눈은 단련하면 향상시킬 수 있다고 확신한다. 되돌아보니 어느새 세계적인 기업의 최고 경영자의 자질을 꿰뚫어보는 일이, 당연한 업무이자 나의 일상이 되어 있었다.

제 5 장

유해한 직원을
고용하지 않는
방법

이들은 단순히 나쁜 사람이 아니다

제1장에서 언급한 우수하고 유해한 사람에 대한 논의를 여기서 한층 더 깊이 파고들고자 한다. 이는 사람 보는 안목의 중요성을 뼈저리게 통감할 수 있는 주제이기 때문이다. 유해하다는 뜻을 지닌 영단어 EVIL을 옮기면 '나쁜, 부정한, 사악한, 재수 없는, 불길한' 등으로 표현할 수 있는데, 여기서 단순히 '나쁜 사람'이라고 하지 않은 까닭은 언어에서 느껴지는 이미지와 본래 EVIL의 개념 사이에 형용하기 어려운 차이가 있기 때문이다.

우리는 대부분 '나쁜 사람'이라는 말을 들으면 범죄자나 도덕과 윤리에 반하는 행동을 하는 '악인'을 상상한다. 겉모습으로도 알기 쉬운 '악인의 얼굴'을 이미지로 떠올릴 것이다.

하지만 이 장에서 다루는 EVIL, 즉 유해한 사람은 겉으로는 선인의 얼굴을 하고 있다. 죄를 저지르는 것도 아니고 부도덕한 것도 아니다. 하지만 주변에 큰 악영향을 미치고 해를 끼친다. 이러한 무자각적인 악의가 바로 EVIL이다. 이 부분은 매우 민감하므로 조금씩 설명하고자 한다.

유해한 사람을 특정해야 하는 이유

우선 유해한 사람의 정의와 분류를 알아보기에 앞서, 사람을 볼 때 왜 이들의 존재를 먼저 파악해둬야 할까? 그리고 왜 피해야 할까? 한마디로 말해서 사람을 능력 유무로 구분해 나누는 것만으로는 부족하기 때문이다. 그만큼 세상에는 유해한 사람이 많다는 뜻이다. 아니, 전체에 대한 비율로 볼 때는 결코 많지 않지만 **개인이나 회사, 사회에 미치는 영향은 말할 수 없이 크다.**

회사에서 이 유해한 사람은 주위 사람의 실적에 흠집을 내기도 하고 관련된 사람이 회사를 그만두게 하기도 한다. 더 나아가 이들 탓에 마음에 큰 상처를 입어 트라우마로 남는 사람도 있다. 개중에는 그 일이 계기가 되어 극단적인 선택을 하는 사람도 있을 것이다.

이러한 일들은 수면 위로 드러나면 범죄가 되지만, 드러나지 않으면 잠재적인 유해 인물로서 계속 존재할 것이다. 상당한 마조히즘(타인으로부터 물리적, 정신적인 고통을 받는 데서 쾌감을 느끼는 병적인 심리상태 – 역주) 체질이 아닌 이상, 그러한 존재로부터는 거리를 둬야 한다. 그렇기에 유해한 사람을 미리 알아보고 특정하는 능력이 필요한 것이다.

이쯤에서 의아해하는 사람도 있을 것이다. 그렇게 사악하고 유해한 사람이라면 자연도태의 원리가 작용하지 않을까? 그리고 회사에서는 왜 유해한 사람을 배제하지 않을까? 하지만 이것이 야말로 함정이다. 제1장에서 소개한 '사람의 네 가지 유형과 대처법'을 그린 도표를 떠올려보자.(그림 13)

사실 이 그림은 EVIL에 관해서도 나타낸다. 오른쪽의 '사람으로서 악하다.' 영역에 있는 사람이 바로 EVIL이다. 이 표에는 평범한 EVIL과 우수한 EVIL의 두 가지 패턴이 보인다. 평범한 EVIL은 앞서도 설명했듯이 겉모습도 행동 면에서도 질 나쁜 사람이라는 느낌을 드러내 알아보기 쉽다. 그런 사람을 발견하면 피하거나 배제하면 되고 애초에 가까이 하지 않으면 된다(채용 상황이라면 면접에서 탈락시킨다).

문제는 우수한 EVIL이다. 우수한 만큼 악의가 알기 쉬운 형태로 표출되지 않아 언뜻 선인으로 보인다. 게다가 일을 잘하고 의

그림 13. 사람의 네 가지 유형과 대처법

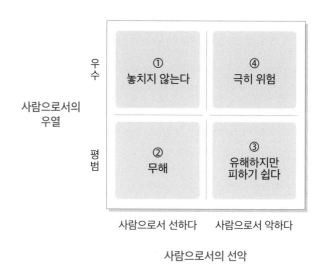

사소통 능력도 뛰어나기 때문에 피해자가 호소해도 그 상사들은 "무슨, 그럴 리가 없어.""그는 실적이 좋단 말이지.""뭐, 여러 사정이야 있겠지만 열심히 해주게나." 하고 애매하게 대응하기 일쑤다.

영리를 추구하는 조직은 이런 사람에게 관대하다. 확실히 이들이 큰 성과를 내고 있으니 단기적으로는 이익이다. 하지만 중장기적으로 볼 때는 굉장한 손실이다. 유해한 사람이 끼친 손해

(주위 사람들이 그만두고 법령 위반이 드러나 거래처와 사회의 신용을 잃는 등)를 회복하고 개선하려면 유해한 사람들이 벌어들인 이익의 몇 배나 되는 시간과 노력이 필요하다.

미국 조지타운대학교 부교수인 크래스틴 포래스가《하버드 비즈니스 리뷰》에 기고한 글 〈유해한 직원을 고용하지 않는 방법〉에 따르면 **유해한 직원은 A급 직원 두 명 이상이 생성해내는 이익을 한순간에 날려버린다**고 한다.

다시 말해 애써 찾아낸 최고 우수 직원 두세 명이 만들어내는 가치를, 유해한 단 한 사람이 소멸시킨다는 섬뜩한 이야기다. 그들이 직접적으로 생성한 손실액은 매년 약 170만 엔, 한화로 1530만 원에 상당하며 더욱이 유해성의 확산, 소송 비용, 직원들의 사기 저하, 고객의 불안감 등 다른 잠재적인 손해까지 고려하면 그 피해액은 훨씬 더 커진다고 지적한다.

이런 우수하고 유해한 사람들은 안타깝게도 사라지지 않는다. 그 사실을 알고서 이용하는 실적 지향성이 강한 조직도 없어지지 않을 것이다. 이 문제는 이제 자본주의와 어떻게 맞설 것인가 하는 철학적인 범주로 들어간다. 따라서 이 책에서는 자신의 회사와 자기 자신, 아래 직원, 동료, 그리고 가족이 피해를 입지 않도록 사람을 제대로 볼 줄 아는 능력을 길러 회피하고 배제해나가는 방향으로 이야기를 전개하겠다.

사무실의 사이코패스 거만형과 나르시시스트형

우수하고 유해한 사람은 크게 거만형과 나르시시스트형 두 가지로 나눌 수 있다. 거만형은 이름에서 알 수 있듯이 위압적으로 상대를 조종, 제어하려고 한다. 이른바 권력형 갑질 상사의 전형이다. 나르시시스트형은 자의식 과잉으로 자신의 욕구를 충족시키기 위해 주위 사람들을 끌어들여 위세를 떠는 일이 많다. "내가 회사에 도착하면 전 직원이 일어서서 인사하라고!" 하는 사장이 바로 이런 유형이다. 덧붙이자면 나르시시스트형은 항상 그런 식이므로 알기 쉽다. 하지만 거만형은 어느 순간 갑자기 돌변하기 때문에 더욱 경계해야 한다.

거만형과 나르시시스트형은 표출 형태가 다르지만 그 근본에 깔린 성향은 모두 사이코패스 기질이다. 사이코패스라고 하면 스릴러 장르의 거장으로 불리는 알프레드 히치콕 감독의 영화나 《양들의 침묵》에 등장하는 렉터 박사 같은 잔인한 범죄자가 떠오를지도 모른다. 하지만 그들은 반사회성 사이코패스라고 불리는 부류다. 실은 사회 적합성이 있는 사이코패스도 존재하고 이들을 향사회성 사이코패스라고 부른다. 우수하고 유해한 사람의 대부분이 이 향사회성 사이코패스라고 할 수 있다.

그렇다면 사이코패스인지 아닌지만 판단하면 유해 직원을 가려낼 수 있을까? 사실 사이코패스라는 존재는 사이코패스냐 아니냐 하는 양분법적 기준으로 나뉘는 것이 아니다. 사이코패스 성향의 농도에 따라 달라진다. 즉 어떤 사람은 사이코패스도가 40퍼센트, 어떤 사람은 90퍼센트, 이런 식으로 누구나 일정 부분 사이코패스 기질을 지니고 있다. 참고로 〈Levenson Self-Report〉라는 사이코패스 정도를 측정하는 무료 테스트가 있는데 영어판뿐이지만 웹에서 공개되어 있다. 흥미가 있으면 테스트해봐도 좋을 것이다(나는 43퍼센트로 나와서 흠칫했다).

하지만 면접 상대에게 사이코패스 테스트를 실시할 수는 없는 일이다. 게다가 안타깝게도 향사회성 사이코패스는 사회에 적합성을 띠기 때문에 겉모습으로는 알아보기 어렵다. 즉 면접에서 간파하기는 무척 어려운 일이다. 그렇다고 사이코패스 징후를 간파하는 요령까지 없는 것은 아니다. 유일하게 판단 재료가 될 수 있는 것이 **눈 깜빡임**이다. 어떤 문헌에 의하면 사이코패스도가 높은 사람은 눈을 깜빡이는 횟수가 극히 적다고 한다.

이들은 상대에게 파충류 같다는 인상을 준다. 지금까지 내 주변에도 그런 사람이 꽤 있었는데 어떤 회사에서 함께 일했던 외국인 리더가 그러했다. 얼굴을 마주보고 대화를 나눠도 거의 눈을 깜빡이지 않았다. 당시에도 '뱀 같은 사람이네.' 하고 생각했다. 역시 무척 유능하고 아이큐도 천재 수준이었다. 그런데 문득 깨닫고 보니 주변 사람들에게 갑질을 하고 있는 공격적인 사람이기도 했다. 이런 사람은 공감성이 현저히 결여되어 있는 경우가 많다. 상대의 눈에 바늘을 찌르고 "이거 아파? 어때? 더 찔러볼까?" 하는 유형이다. 실제로 이런 짓을 하지는 않겠지만 직원에게 "왜 이걸 못하는 거지? 자네 바본가?" 하는 말을 아무렇지도 않게 내뱉는다. 듣는 사람이 어떤 기분일지는 전혀 아랑곳하지 않는 것이다.

나르시시스트형도 거만형처럼 직접적인 공격은 하지 않지만 상대의 기분을 헤아리지 않고 '나를 대단하다고 말해! 나를 훌륭하다고 말하라고!' 하는 태도를 보인다. 자의식을 만족시키기 위한 행동을 상대에게 강요한다는 점에서 공감성이 결여되어 있다. 한마디로 사이코패스 농도가 짙다. 두 가지 유형 모두 근본은 같다.

우수하고 유해한 사람을 간파하는 방법으로는 파충류 같은 인상이 있는지 아닌지, 그리고 더불어 오만함을 보이는지가 중요한 근거 자료가 된다. 면접과 같이 상대에게 잘 보이고 싶어 하는 상황에서는 첫인상만으로 그 성향을 꿰뚫어보기가 정말 어렵다. 거만한 인간은 자신에게 이해관계가 약한 상대나 아랫사람에게만 그런 얼굴을 드러내기 때문이다.

하지만 이 오만함을 꿰뚫어보는 방법이 없는 건 아니다. 한 가지는 접수처 직원이나 비서에게 몰래 일러서, 그 사람이 어떤 태도를 취했는지를 보고하게 하는 것이다. 또 한 가지는 회식 자리에 초대해 식사를 가져다주는 종업원들에게 그 사람이 어떤 태도를 보이는지를 살펴보는 방법이다. 자신과는 예의 바르게 이야기를 하고 있다가 느닷없이 음식점 종업원에게 "여기 물!" "화장실이 어디야?" 하는 식으로 퉁명스럽게 말하는 사람은 주의해야 한다. 예전 이곤젠더의 선배에게 들은 실화인데 그는 중요한 회식 자리는 항상 같은 레스토랑을 이용하며 후보자를 검증했다고 한다. 그곳에서 일하는 사람들에게 자신이 자리를 비운 사이 그의 태도를 살펴보고 알려달라고 부탁한 것이다.

또 너무 훌륭한 후보자도 요주의 인물이다. '이렇게 우수한 사람이 왜 우리 회사에?' '이 정도의 실적이 있는데 왜 이 직위를 받아들였을까?' 이런 위화감을 느꼈다면 평판을 조회해보자. 전 직장의 상사나 동료에게 그 사람에 대한 평가를 듣는 것이다. 그렇게 확인해보면 "사실은 부하를 몇 명이나 그만두게 만들어서…."라든지 "거래처에 접대를 강요하는 습관이…." 같은 단시간의 면접에서는 알 수 없는 사실이 드러나기도 한다. 뭔가 이상하다는 이런 느낌이 든다면 그건 방어 본능에 의한 경고 신호일지도 모르니 가볍게 여기지는 않도록 하자. 사람 보는 눈을 연마할수록 그 감도가 높아진다.

궁지에 몰리면 느닷없이 돌변하는 유형

유해한 사람은 사이코패스인 경우가 많고, 사이코패스는 기냐 아니냐로 양분할 수 있는 성향이 아니라 농도의 문제라고 설명했다. 즉 모두가 유해 성분을 감추고 있을 뿐이다. 그런데 평소에는 그런 기색을 보이지 않다가 느닷없이 사이코패스적 면모를 보이는 사람이 있다. 이들이 바로 **돌발성 유해 행동형**이다.

돌발성 유해 행동을 일으키는 계기는 무엇일까? 그것은 **압박**이다. 일에서 문제가 생겼거나 마감일이 다가오거나 윗사람에게 엄청난 압력을 받는 등 이렇게 정신적으로 궁지에 내몰렸을 때 돌발성 유해 행동이 표출되기 쉽다. 만약 유해 행동을 일으키기 쉬운 사람을 사전에 알아볼 수 있다면 그렇게 되지 않도록 업무를 분산시키거나 긴장을 풀어주는 말을 건네는 등 방법을 강구해 최악의 사태를 피할 수 있다. 하지만 안타깝게도 이들은 평소에는 조금도 내색하지 않기 때문에 미리 알아보기가 무척 힘들다. 태풍을 예측하는 것보다 힘든 일이다.

그래도 힌트가 되는 것이 동양의 대표적 사고관 **음과 양**의 사고방식이다. 제2장에서 설명한 것처럼 인간과 사회, 자연, 우주는 모두 음과 양으로 구성되어 있다는 사고다. 누구에게나 음과 양이 존재한다. 평상시가 양이고 유사시가 음이라고 할 때, 그 사람의 양을 알면 음의 모습도 상상할 수 있다는 말이 된다. 이 표리 일체의 구조를 이해하면 안이 밖으로 바뀌었을 때 어떤 일이 일어날 수 있는지 가설을 세울 수 있다.

그 패턴을 표로 정리한 것이 다음의 그림이다.(그림 14) 왼쪽에는 평상시 일하는 자세와 가치관 성향을, 그리고 오른쪽에는 유사시에 일으킬 수 있는 문제 행동을 나타냈다. 출처는 리더십 써클The leadership circle이라는 미국의 세계적 코칭 회사가 정리한 모델이지만, 마치 만다라(밀교 경전을 토대로 주존을 중심으로 여러 부처와 불자들이 수행 의식을 행하는 누각을 평면으로 그린 도식 – 역주)처럼 굉장히 난해하기 때문에 전부 이해하려면 상당한 훈련이 필요하다. 그러므로 이 모델을 내 나름대로 해석해서 단순한 구도로 요약, 정리했다.

우선 왼쪽의 평상시 성향은 목표를 지향하는 유형, 인간관계를 지향하는 유형, 이상적인 자세를 지향하는 유형, 세 가지로 분류할 수 있다. 물론 어느 한 가지 성향만 지닌 사람은 없다. 누구나 이 모든 성향을 갖추고 있지만 사람에 따라 그 비율이 달라진다. 이는 그 사람의 가치관이 형성하는 우선순위의 문제다. 이를테면 A씨는 목표 추구 성향이 20퍼센트이고 인간관계 추구 성향이 60퍼센트, 이상적인 자세를 추구하는 성향이 20퍼센트다. 그 가운데서 백분율이 가장 높은 부분을 그 사람의 성격이자 특성

그림 14. 평상시 모습으로 예측하는 유해 직원의 돌변 양상

※ 참고
- 음양의 패턴을 파악하기만 해도 방어할 수 있다.
- 평상시에 각 유형의 장점을 보이는 사람은 유사시에 이런 결점을 띠는 경향이 있다는 사실을 머릿속에 넣어두자.

평상시		유사시	
목표 지향	• 비전을 내세운다. • 계획을 전략적으로 제시한다. • 목표 달성을 위해 돌진한다. • 불확실한 상황에서도 결단을 내린다.	**타인을 조종해 문제를 일으킨다**	**갑질을 한다** • 강제적이 된다. **정치적이 된다** • 공을 가로챈다. • 남을 끌어내려 위로 올라가려고 한다. **지나치다** • 완벽주의를 지나치게 추구한다.
원만한 인간관계 지향	• 배려심이 있다. • 후배 육성에 힘쓴다. • 팀 지향성이 높다. • 정서적인 관계를 구축한다.	**타인에게 의존해 문제를 일으킨다**	**관심 종자가 된다** • 자기 가치에 대한 인정 욕구를 드러낸다. • 칭찬받으려 한다. **포기한다** • 권한을 포기하고 관여한 것을 부인한다.
이상적인 자세 지향	• 충돌이나 마찰에도 덤덤하다. • 균형을 잘 잡고 있다. • 높은 도덕, 윤리 규범을 추구한다. • 잘못한 일도 숨기지 않는다.	**자신을 방어해 문제를 일으킨다**	**거리를 둔다** • 거리를 둬 안전지대를 구축한다. **공격적이 된다** • 비판적이고 냉소적이 된다. • 우월적이고 자기중심적이 된다. • 잊어버린 척하거나 사보타주를 일으킨다.

참고: The leadership circle

으로 간주할 수 있다. 그렇게 분석하면 A씨는 인간관계를 추구하는 유형인 것이다.

이들 유형은 면접 과정에서 판별할 수 있다. 가령 인간관계를 무척 중요시하는 사람은 '팀' '주변 사람' '육성' '배려심' 등에 관한 언급이 많다. 가령 과거 성공한 프로젝트에 관해 질문하면 "팀이 일치단결해 목표를 이뤄 무척 기뻤습니다."라고 대답한다. 반면에 목표 의식이 강한 사람에게서는 주변 사람의 이야기가 별로 나오지 않는다. 시종일관 어떻게 목표를 달성했는지, 결과 중심의 사례를 언급한다.

이상적인 자세를 최우선의 가치관으로 삼고 있는 사람은 "고객을 위해서 상사를 설득하고⋯." 하며 상황을 개선한 경험을 주로 이야기한다. 이처럼 사람은 자기 이야기를 할 때 자연히 자신이 중요하게 여기는 가치관에 중점을 두고 말하는 생물이다.

강점으로 단점을 예측한다

이번에는 평상시의 유형을 위에서부터 A, B, C로 이름 붙여 각각 스트레스가 엄습하는 유사시에 어떻게 변모하고 어떠한 문제를 일으키는지 살펴보자.(그림 14)

A 유형. 목표 지향 의식이 강한 유형

유사시에 타인을 조종해서 문제를 일으킬 가능성이 크다. 목적을 달성하는 데 최우선순위를 두기 때문에 달성하지 못할 것 같은 상황이 벌어지면 온갖 수단을 총동원해서라도 목표를 이루려고 하기 때문이다. 물론 어느 정도의 강제성은 업무에 필요하지만 도를 지나치면 문제가 된다. 이를테면 위압적인 태도로 업무를 강요하거나 타인의 공을 가로채 자신의 공으로 돌리고 상대를 끌어내며 타인에게도 완벽을 요구하는 사람이다.

B 유형. 원만한 인간관계를 구축하고자 하는 의식이 강한 유형

일이 계획대로 되지 않고 난관에 부딪히면 갑자기 돌변해 타인에게 의존한다. 항상 사랑받고자 하기 때문이다. 의존 방법은 두 가지가 있다. 첫째는 "나 잘하고 있는 거지?"라고 운을 떼며 자신이 열심히 하고 있다는 것을 어필하는 것이고 둘째는 책임을 떠맡기는 것이다. 이 유형인 사람은 스트레스가 과도해지면 갑작스레 타인에게 자신의 업무를 내팽개치는 등 흥미로운 양상을 보인다.

한 번 듣고는 동기를 이해하기 어려울지도 모르지만 이는 인간관계에 무척 집착하기 때문에 그 관계를 무너뜨리고 싶지 않다는 바람에서 나오는 도피 행동이다. "몰라요." "전 관여하지 않았습니다." 하고 관계성 자체를 없었던 일로 하고 싶은 것이다.

C 유형. 이상적인 모습을 추구하는 의식이 강한 유형

법무팀이나 관리팀에서 자주 보인다. C 유형은 높은 도덕관을 지니고 통제 성향이 강한 사람들이다. 이들은 업무상 궁지에 몰리면 안전지대를 만들려고 한다. B 유형처럼 타인에게 떠맡기거나 포기하지는 않지만 "정말이야?" "리스크가 있네." 하는 식으로 일정한 거리를 두어 자신을 방어한다. 이는 자기 자신이 항상 올바른 모습으로 있고 싶어서인데, 상사가 이 유형이면 팀원은 '앗, 책임져주지 않는 거야?' 하고 실망할 것이다.

거리를 두기만 하면 그나마 다행이다. 이들은 사태가 어쩔 수 없는 국면에 이르면 갑자기 공격적인 양상을 드러낸다. "그렇게 해서 잘된 적이 있었나?" 하고 비판적이 되기도 하고 "나는 그런 일을 수도 없이 해왔다네." 하고 우월적인 태도를 보이기도 한다. 혹은 "뭐? 내가 그런 말을 했던가?" 하고 잊어버린 척하거나 "미팅에 참석하지 못하게 되었어." 하고 사보타주(태업. 겉으로는 일을 하지만 의도적으로 일을 게을리함으로써 사용자에게 손해를 주는 방법 – 역주)를 일으켜 결과적으로 주위 사람들이 불편을 겪거나 피해를 입는다.

ABC 유형을 막론하고 각각 돌발성 유해 행동을 드러내면 상당히 심각한 상황이 벌어진다는 것을 알 수 있다. 게다가 더욱 골치 아픈 건 **사람은 누구나 반드시 이 세 가지 중에서 어느 성향인가에 빠질 가능성이 있다**는 사실이다. 당신은 과연 어떤 유형인가?

스트레스에 대한 역치를 확인하라

자, 어떠한가. 진짜 유해한 유형을 만나기도 할 테지만 돌발성 유해 행동을 일으키는 사람 또한 어떤 형태로든 당신에게 손해를 끼칠 것이다. 문제는 상대가 어느 정도의 역치로 그러한 행동을 표출하느냐다.

만약 면접 때 이런 징후가 보였다면 조금 시간을 갖고 "이럴 때는 이렇게 하는 경향이 있지 않나요?" "당신이라면 어떻게 대처하시겠습니까?" 하고 파고드는 것도 좋다. 그렇게 해서 어느 정도 돌발성 유해 성향의 크기와 자기 인식 정도를 가늠할 수 있다. 그런 뒤에 전 직장의 관계자에게 평판을 확인하면 상대의 유형과 성향이 꽤 정확하게 파악된다.

여기서도 중요한 것은 그때 들은 경험 에피소드로 전후 상황을 살펴 당시의 스트레스 정도를 이해한 뒤에 평가해야 한다. 돌발성 유해 행동이 발현되는 비등점이 낮아 별것 아닌 일로도 유해성을 쉽사리 표출하는 사람은 당연히 피해야 한다.

물론 돌발성 유해 행동의 경우 알아채지 못하는 경우도 많다. 그렇다고 해서 자신감을 잃을 필요는 없다. **원래 사람을 보는 안목은 부적합 인자를 배제하거나 이들에게 맞서기 위한 것이 아니다. 사전에 이러한 가능성을 두루 살펴서 '지뢰'가 묻혀 있을지도 모른다고 예측해두기 위해서다.**

그렇게 하면 상당히 높을 확률로 지뢰를 피할 수 있으며, 만일 밟았더라도 당황하지 않고 상대에게 화를 내지 않고 냉정하게 대응할 수 있다. 물론 지뢰를 밟지 않는 것이 가장 좋다. 반드시 안목을 길러서 지뢰를 피하고 리더로서, 그리고 직장인으로서 온화한 인생을 보내길 바란다.

———

나에게로 인식을 확장하라

리더의 안목을 높이는 일은 결코 쉽지 않다. 이곤젠더에서는 2~3년마다 한 번씩 전 세계에서 일하고 있는 입사 동기들을 모아 역량 강화 연수를 실시한다. 연수가 시행되는 약 일주일간은 호텔에 머물면서 외부와의 접촉이 제한된 채 다양한 트레이닝을 받는다. 즐겁기도 하지만 한편으로는 정신적으로도 체력적으로도 많은 에너지가 쓰인다.

이러한 연수 가운데 '자기 인식의 확장'이라는 주제로 열리는 프로그램이 있다. 타인을 평가하는 방법을 익히는 데 가장 효과적인 것은 자기 자신을 평가하는 데에서 시작한다는 의미다. 타인을 이해하려면 우선 자신을 이해해야 하기 때문에 그것을 깊은 수준에서 실천할 수 있기까지 철저히 트레이닝을 한다. 이 깊이로 자신을 발전시키는 데는 용기가 필요하며, 마침내 가능하게 되었을 때는 몹시 감격해 울음을 터뜨리는 사람도 있을 정도다.

예를 들면 이런 그룹 코칭이 있었다. 우선 자신의 강점과 약점을 열거해보는 것이다. 대개는 강점의 반대가 약점이 된다. '어떤 일도 포기하지 않는다.'라는 강점을 피력한 사람은 그 강점을 뒤집은 '포기해야 할 때도 포기하지 못하고 집착한다.'라는 점을 약점으로 꼽은 경우가 많다. 하지만 이 과정을 반복하다 보면 강점의 반대와 약점이 일치하지 않는 경우가 있다. 이를테면 강점 열 가지 중 두 가지 정도는 강점으로 인식하면서도 뒤집었을 때 본인은 약점으로 느끼지 않는다. 이것이 분명 신호이며 코치는 이 점을 파고든다.

"이 두 가지 강점을 뒤집은 항목은 당신에게 약점이 아닌가요?" 코치가 이렇게 물었더니 질문받은 사람은 처음에 "꼭 그렇지는 않은데요." 하고 대답했다. 하지만 끈질기게 질문을 받는 동안에 "잠깐만요, 그러고 보니 그게 내 약점인가…?" 하고 생각하기 시작했다. 그리고 왜 이 약점을 깨닫지 못했는지, 그것을 왜 약점이라고 인정하고 싶지 않은지를 파고들어 생각해 보더니 마침내 불현듯 기억이 되살아나는 것이다.

이를테면 어릴 때 아버지가 집에 있는 시간이 적어서 함께 놀아주지 않아 쓸쓸했었다는 식으로 스스로는 잊었다고 생각했지만 기억의 밑바닥에 달라붙어 있던 원체험 같은 것에 다다르기도 하는 것이다. 이처럼 인재를 선별하는 전문가를 만나면 자신조차도 인식하지 못했던 자신을 만나게 된다.

제 6 장

채용 시장에서
일어나고 있는 일

———

실점을 회피하는 조직 풍토

기업이 '사람'에 대해 리스크를 짊어지지 않은 지는 오래되었다. 경력자를 채용하는 중요한 인사 결정 상황에서도 이력서라는 종이 한 장으로 설명되는 표면적인 사실, '어느 학교를 나와 어느 회사의 어떤 부서에서 일했는가' 같은 스펙으로 대부분을 판단해 매칭하고 있다.

눈앞에 있는 사람을 제대로 보지 않기 때문에 안이하게 그때까지의 경력과 기술이, 회사에서 찾고 있는 직책과 얼마나 근접해 있는가로 사람을 뽑으려는 것이다. 이런 현상이 일어나는 까닭은 리더 개인이 사람 보는 눈이 없고 인재를 선별하는 데 서툴러서가 아니다. **고용 안정이 중요시되는 시대에 직원들이 그 공**

동체로부터 쫓겨날 것을 극단적으로 두려워하게 만드는 기업 문화가 문제다. 면접관의 위치에 선 리더들은 판단과 결단을 내릴 때 리스크를 무릅쓰려고 하지 않는다. 그러므로 이는 리더 개개인의 문제가 아니다. 여기에는 시스템 문제가 잠재해 있다. 즉 직원에게 어떠한 행동을 촉구하는 평가와 보수 체계가 그 배경에 있는 문제인 것이다.

아쉽게도 대부분의 기업에서 '아직 부족'하지만 '가능성이 있는' 인재를 채용하는 데(나는 이것을 과감한 채용이라고 부르며 권장하고 있다.)는 굉장한 용기가 필요하다. 차이를 만드는 데 따른 인센티브가 발생하지 않으므로 그 사람의 인사 결정이 성공했을 때의 가점보다도 실패했을 때의 실점이 크다고 무의식적으로 판단하기 때문이다. 그렇게 창조성을 가로막는 조직의 분위기가 만연한 회사가 무척 많다. 자신이 내린 의사결정으로 문제가 발생하는 것을 극히 싫어하는 사회다. 그래서 인사 결정권자는 사람을 선택할 때도 '왠지 안전할 것 같은' 방향으로 결단을 내리는 경향이 있다.

실점을 회피하는 것이 우선인 어느 조직을 예로 들어보겠다. 예전에 나는 일본계 최고 대기업의 신상품 마케팅 회의를 관찰한 적이 있다. 가장 높은 분의 발언이 회의의 80퍼센트를 차지했으며 논의는 전혀 활발하게 이루어지지 않았다. 그 회의가 끝난 후 한 직원이 이렇게 귀띔해 주었다. "저희 회사에서는 회의에서 발언을 하면 실패예요. 가만히 입 다물고 있는 사람이 승진하거 든요. 괜히 의견을 내고 행동했다가 성과가 나오지 않으면 인생 끝나는 거죠."

조직에 적응하려고 하는 일 자체는 어느 정도 합리성이 있다. 그래서 이러한 기업에서 일하는 개개인에게 리스크 회피의 습성 이 있다고 해도 뭐라고 비난할 수는 없다. 다만 기업 활동의 근간 인 인재 채용이나 발탁에서도 이러한 실점 회피 풍조가 널리 퍼 진 것은 문제다. 그리고 그러한 풍조가 공격적인 채용을 가로막 아서는 안 될 일이다. 인재 리스크를 회피하는 태도야말로 기업 을 넘어 사회의 약체화를 초래하는 것이다.

리더도 책망이 두렵다

앞서 언급한 '과감한 채용'에 관해 조금 더 고찰하고자 한다. 이 책을 출간하는 흐름출판에서 편집 경력자를 채용한다고 가정해 보자. 면접에서 지원자의 이력서를 보니 유명한 모 대형출판사에 서 일했고 편집 경험이 풍부하다고 적혀 있다. 이 지원자가 실제 로 어느 정도로 일을 잘할지 모르지만 '뭐, 유명한 대형 출판사에서 일한 경력자니까 문제없겠지.'라고 판단해 채용한다. 그 판단은 부정하지는 않겠다.

하지만 어떤 능력을 갖추고 있을까. 왜 대형출판사를 그만두고 이직하려고 하는 걸까. 만약 그 괜찮아 보이는 이력서에 끌려 이직 사유나 의욕의 원천을 깊이 파헤쳐보지 않으면 뭔가 중요한 사실을 간과하게 될지도 모른다. 그뿐인가. 기껏해야 예상 범위 내에서 일하는 사람일 수도 있다.

반면에 만약 연예인을 너무나 좋아해서 독립해 창업을 하고 자비로 소설을 다수 출판해온 사람이 지원했다면 어떨까. 출판사에서 근무한 경험은 없지만 의욕만큼은 굉장히 높다. 면접 담당자가 그 사람의 말투나 행동에서 편집자에게 필요한 자질과 능력, 가능성이 있을지 모른다고 느꼈다고 치자. 하지만 대부분의 기업에서는 이렇게 아직 갖춰지지 않은 인재를 채용하지 않을 것이다. 경력이 독특하다고 생각하면서도 결국은 과감한 판단을 내리기는 어렵다. 그 지원자가 연예인을 좋아한다는 사실에서 이 지원자가 왜 편집자로서 일을 잘할 것 같은지를 본인의 상사에게 설명할 '말'과 '논리'를 갖추지 못했기 때문이다. 만약 그 사람을 채용했다가 '역시 아니었어.' 하고 후회하게 될 경우 왜 채용했는지를 설명하기는 매우 힘들 거라는 생각에 단념하는 것이다.

이제 이해했을 것이다. 엄밀한 검증 결과를 근거로 지원자를 탈락시키는 것이 아니다. 장래의 가능성을 제대로 검증하지 않은 채 버리고 있다. 이는 회사와 사회는 물론 개인에게도 커다란 손실이다. 그 사람의 진정한 능력을 적재적소에 활용할 수 있다는 판단을 하지 못하기 때문에, 가령 연예인을 너무 좋아한 나머지 경력의 방향을 튼 사람을 편집자로 고용하는 과감한 발탁이 기업에서는 좀처럼 일어나지 않는다. **설령 직감적으로 인재를 꿰뚫어보고 판단할 수 있다고 해도 그 의견을 표현하기 위한 교육이 이루어지지 않기 때문에 소신 있는 결론을 내리지 못한다.**

생각해보자. 원래 조직은 더욱 역동적이어야 하고 다양성으로 가득 차야 한다. 능력은 있지만 시들기 시작한 인재보다, 능력과 경험은 아직 부족하지만 의욕이 넘치는 인재의 확보야말로 기업이라는 집단을 안정시키고 강하게 만든다.

인센티브가 과감한 채용을 가능케 한다

미국의 경우는 상황이 조금 다르다. 아메리칸 드림이라는 말이 있다. 이는 미국이라는 다민족 국가를 만드는 데 정신의 토대가 된 말이며 거침없는 자기 신뢰를 바탕으로 개인의 공리를 추구하자는 미국의 교리이다. 나는 2017년부터 2년간, 한 달의 절반을 미국 로스앤젤레스에서 생활한 적이 있다. 그곳에서는 쁘띠 아메리칸 드림이라고 할 수 있는, 인생 역전의 채용 이야기가 수시로 들려왔다. 미리 말해두지만 미국의 엘리트 직장인들은 어떤 의미에서는 전원이 프로 계약을 맺은 스포츠 선수 같은 세계에 있다. 그곳에서 펼쳐지는 광경은 실로 강렬한 학력, 경력 사회다.

사실 미국의 저명한 회사에서도 의외의 인물을 영입하는 대담한 채용은 좀처럼 이루어지지 않는다. 이 점은 우리와 거의 다를 바 없다. 하지만 가족이 경영하는 중소기업이나 무명의 스타트업의 경우 상당히 과감한 인사 결정이 시행되고 있다.

조금 오래된 이야기인데 무척 인상적이었던 사례를 소개하겠다. 미국의 한 대형 TV홈쇼핑 회사의 일본 지사장으로 근무하던 미국인에게 들은 거짓말 같은 실화다. 그 미국인 지사장이 이 회사로 스카우트된 것은 약 30년 전으로, 그가 영업직으로 일하던 30대일 때였다고 한다. 이 회사도 아직 소규모였던 무렵의 이야기다.

그가 휴가 중 스카이다이빙을 하러 갔는데 우연히 같은 조에서 점프한 (당시는 임원이었던) CEO에게 갑작스러운 스카우트 제안을 받았다고 한다. 일정을 마치고 돌아가던 셔틀버스 안에서 '우리 회사에서 일하지 않겠나? 조건은 이러이러하네.' 하는 제안에 이후 제대로 된 면접 과정도 없이 직장을 옮겼다는 이야기였다. 미국에서는 이렇듯 놀랄 만한 발탁이 이루어졌다는 사례가 심심찮게 들린다. '미국인은 사람 보는 눈이 뛰어나니까.'라든지 '자유롭고 미래지향적 사고관을 가졌으니까.' 같은 추상적인 이야기를 하려는 것이 아니다. 이런 채용이 가능했던 것은 더욱 미국다운, 공리적이고 직접적인 이유에서 비롯되었다.

만난 지 얼마 되지 않은 사람이 실제로 업무에서 실력을 발휘할지 아닐지는 모르는 일이다. 그럼에도 '이런 채용을 하면 화제가 될지도 몰라.' '내 인선 판단이 적중하면 보너스를 듬뿍 받을지도 모르지.' 하는 가점 방향의 조직 분위기가 그런 과감한 채용을 가능하게 한 것이다. 요컨대 미국은 적중했을 때의 인센티브가 훨씬 큰 사회이다. 여기서 인센티브는 상여금을 포함해 의욕을 북돋우는 모든 자극을 말한다.

안타깝지만 정반대의 역동성을 보이는 일본의 경우, 조직의 규모에 상관없이 그곳에서 일하는 사람에게는 인재 선별에 관한 결단을 내릴 때도 '한 번 과감히 노려보자' 할 만한 인센티브가 없다. 따라서 리스크를 회피하기만 하고 결과적으로 가능성이 큰 사람을 채용하지 못한다. 회사도 예상 가능한 범위 이상으로는 성장하지 못한다. 더욱 역동적이고 다양한 재능을 갖춘 사람을 찾아내야 이 세상이 활력으로 넘치고 일하는 사람도 재능을 발휘할 수 있어 즐겁지 않을까. 그러기 위해서는 사람을 보는 안목을 길러 상대의 능력과 자질을 제대로 평가할 줄 알아야 한다. 그리고 그 평가한 근거를 타인에게 설명할 수 있는 능력과 방법론을 배워 과감한 결단을 내려야 한다. 이 책이 그러한 일을 가능하게 할 것이라고 확신한다.

결단을 내리기 힘들어한다

일본은 근 20여 년 동안 세계를 깜짝 놀라게 할 만한 제품이나 서비스를 만들어내지 못하고 있다. 그 결과 국가 전체의 생산성이 저하되어 세계 경제에서 밀려난 것은 모두가 다 아는 사실이다. 그렇다면 이탈리아는 왜 생산성이 높은가? 이탈리아의 사례가 흥미롭다. 이탈리아에서도 일본과 마찬가지로 세계를 놀라게 할 만한 대단한 제품이 나오지는 않는다. 크게 경제가 성장하고 있는 것도 아니다. 하지만 생산성이라는 지표로 비교해보면 이탈리아가 일본보다 훨씬 더 높은 수준이다. 이탈리아의 노동 생산성은 일본 노동 생산성의 1.3배에서 1.5배이다. 심지어 인구당 일하는 인구의 비율은 38퍼센트밖에 되지 않아서 일본의 50퍼센트에 비하면 4분의 3이므로 한 사람당의 노동 생산성 차이는 더욱 크다. 그렇다면 이 차이는 어디서 비롯된 것일까? 나는 그 차이가 '판단하는 능력'과 관련되었다고 생각한다.

나는 사회인이 되어 6년 동안 일한 후, 이탈리아 밀라노에 있는 보코니대학교 경영대학원으로 유학을 가서 2년 정도 현지에서 생활했다. 그래서 직접 체감한 바 이탈리아인들은 우수하다. 잘 보고 판단하는 능력, 즉 결단력이 높다.

이탈리아인들은 토론을 무척 좋아한다. 이야기가 여러 방향으로 튀기 일쑤여서 수업 시간에 그룹별 과제를 할 때면 언제나 조마조마했다. 그렇게 자신들이 하고 싶은 이야기를 끝도 없이 떠든다. 하지만 '이제 이쯤이면 됐지.' 하고 끝낼 순간이라고 판단하면 단번에 같은 방향으로 대화를 모아 매끈하게 마무리한다.

적당한 때를 파악하고, 할 수 없는 일과 하지 않을 일을 판단하는 데 빠르다. 한마디로 미적거리지 않으며 세부적인 부분에 집착하지도 않는다. 어느 단계에 이르면 재빨리 판단해 "이제 이쯤이면 되지 않겠어?" 하는 식으로 차츰 다음 화제로 나아가는 것이다. 하지만 최종적으로는 이치에 맞는 결론을 내린다.

일본의 경우 구성원의 의견이나 의사가 합의된 상황에서도 "그럼 이렇게 가시죠." 하는 말을 꺼내기 힘든 분위기가 있다. 그 의견대로 진행하라는 지시를 내면 책임을 져야 하기 때문인지 불안한 요소를 다 없애기 전에는 결론을 내리길 유보하는 사례를 자주 보아 왔다.

　예전에 내가 소속되어 있던 주식회사 조조에서 재미있는 일이 있었다. 당시 사명이 스타트투데이였는데 나는 조조 수트ZOZO SUIT를 사용한 자체상표의 제조판매 사업을 총괄하는 임무를 맡고 있었다. 처음에는 열 명쯤 되는 팀이었는데 2년이 지날 무렵에는 내가 통솔하는 직원의 수가 전부 200명을 넘었다. 그런 가운데 내게 주어진 미션은 이것을 해외에서 판매할 기반을 만드는 일이었다. 직원들 가운데 40명 정도는 내가 채용한 외국인들로 베를린, 로스앤젤레스, 그리고 싱가포르 거점에서 일하고 있었다. 이 해외 팀은 사업을 출범하기 전까지 특히, 일본 엔지니어와 상품기획 생산팀과 하나가 되어 일해야 했다. 그런데 그 과정이 순탄하지 않았다. 그 해외 세 군데 거점의 직원들에게 항상 들었던 말이 '일본인은 회의가 길다.' '일본인은 개개인은 우수하지만 조직을 이루면 일처리가 늦다.'였다.

　이는 의외일지도 모른다. 조조의 창업자인 마에자와 유사쿠는 매사에 판단이 빠르다. 회오리바람 같은 경영자였다. 그는 논쟁적인 사안도 굉장한 속도로 결정해 나갔다. 문제는 주로 그 직전, 그리고 이후에 이루어지는 조직 차원에서의 결정이 늦었던 것이다. 그 늦은 결단과 애매한 판단 탓에 채용과 기용에서도 안타까운 사례가 무척 많았다. 조조는 지금도 매우 대담한 회사다. 혁신

적이기로 평판이 높은 기업인데도 이런 일들이 일어났다. 이러한 결단력의 차이가 모든 일의 결정과 인재 기용·발탁에 있어 판단 속도의 차이로 이어지고 그것이 결국 일본 전체의 생산성 저하로 연결되는 것이라고 나는 확신한다.

사람을 뽑는 데 과도한 시간을 쓴다

이곤젠더에서 일하던 시절 많은 경영자의 고민을 들었다. 그 대부분이 사람에 관련한 것이었다. 직위가 올라갈수록 사람에 관련된 의사결정에 놀랄 만큼 많은 시간과 에너지를 쏟고 있었다. 인재 등용은 어느 회사에나 가장 중요한 일이다. '누구에게 믿고 맡길 것인가' '누구를 제외시킬 것인가' 하는 결단으로 회사의 미래에 큰 차이가 벌어지기 때문에 책임이 막중하다. 차라리 전 직원에게 맡길 수 있다면 고민할 필요도 없겠지만 회사의 주요 직위는 한정되어 있다. 위로 올라갈수록 의자 수가 줄어들어 탈락하는 사람이 점차 늘어난다. 그렇게 되면 누구를 제외시키고 누구를 위로 올릴 것인지 진지하게 판단할 수 있어야 한다.

본래 같으면 인재 채용에 관련한 판단은 어느 정도 임원진에게 맡기고 사장은 경영에 자원을 투입해야 한다. 하지만 남에게

맡기려면 조직으로서 확립되고 공유된 사람을 간파하고 판단하는 능력이 필요하다. 이 역할을 넘겨주면 과연 잘해나갈지 어떨지 등 의구심이 가득 찬 마음 상태로는 회사의 방향키를 잡을 수 없다.

특히 전형적인 일본 대기업형 시스템으로 돌아가는 회사는 그런 능력이 없기 때문에 인사 결정에 과도한 시간과 노력을 쏟아붓고 경영진은 스트레스를 받는다. 더욱이 최고경영자의 부적절한 인선이 결과적으로 기업의 약체화를 초래할 수 있다.

반대로 사람을 간파하고 판단하는 능력을 토대로 지속적이고도 위협적인 기세로 발전을 거듭해가는 일본 기업들이 있다. 그 가운데 하나가 바로 구인광고, 인재소개 등의 서비스를 제공하는 주식회사 리크루트Recruit다.

내가 만난 경영자들 가운데도 현 리크루트 홀딩스 회장인 미네기시 마스미는 사람을 보는 통찰력이 월등하게 높은 경영자였다. 원래부터 능력과 센스가 뛰어나기도 하지만 아마도 그 회사의 시스템과 사풍에 의해 통찰력이 길러져 젊을 때부터 '저 사람은 어떤가?' '이 사람은 발전하겠는가?' 하는 물음을 반복해왔기 때문일 것이다. 리크루트는 경영자부터 평사원까지, 회사 전체 구성원이 사람 보는 안목이 높기로 유명하다. 하지만 이 미네기시 회장의 고민 역시 사람에 관한 것이었다.

좋은 사람이라는 기준을 무시한다

지금까지 설명했듯이 사람을 보는 안목의 전체적인 모습은 상대가 지닌 능력을 간파하고 활약 가능성을 판단해 인사를 결정하는 일이다. 한마디로 이 책의 주제인 사람을 고르는 과정 자체인 것이다.

사람을 보는 일은 특히 회사 경영 상황에서 중요하다고 지금까지 강조해 왔는데, 이번에는 사람을 고르는 일에 대한 안티테제(반대의 뜻이나 대립되는 의견. 반정립 – 역주)를 제시하고 한층 더 깊이 고찰해 보려고 한다.

어떤 이는 '사람을 보다니 주제 넘는군!' '사람을 고르다니 거만한 시선인데?' '그거 불손한 일이잖아.' '더 중요한 건 고르는 게 아니라 기르는 거 아닌가?'라고 느끼기도 할 것이다. 그렇게 사람을 고르지 않는 데 도전한 경영자가 있다. 앞서 말한 조조의 창업자 마에자와 유사쿠다. 마에자와는 진심으로 조조를 누구나 들어올 수 있는 회사로 만들려고 했다. 그의 마음은 이러하다. "사람을 고르는 경영자라니, 너무 찌질한 거 아냐? 어떤 사람이든 받아들일 수 있는, 우주 같이 도량이 큰 사람이어야지!"

어떤 사람이든 행복하게, 삶의 보람을 가지고 일할 수 있는, 그러한 장소를 만들어야 진정한 경영자라는 것이 마에자와의 철학이었다. 그렇다고는 하지만 채용 인원수가 한정되어 있어서 지원자를 모두 입사시킬 수는 없는 노릇이다. 그래서 그는 '가위바위보 채용'을 도입하자고 진지하게 논의했다. 가위바위보라면 공평하고, 사람을 고르는 게 아니라는 것이 그의 논리였다. 결국은 인사부에서 적극적으로 저지하는 바람에 실행하지는 못했지만 그의 의도는 '어떤 사람이라도 과감히 채용하고 받아들일 수 있는 경영자가 되고 싶다. 장점을 키워주고 적재적소에 활용하기를 명심하면 좋은 회사가 될 수 있다.'라는 것이었다. 마에자와는 이렇게 생각하고 진심으로 제안했던 것이리라.

그렇다면 실제로 현장은 어떠했을까. 조조라는 집단 사람들은 정말로 다양하고 개성적이며 서로 사이가 좋았다. 일을 대하는 모습도 프로였다. 패션에 대한 열정이 강한 사람들이 모였기 때문에 의견이 일치되기 쉬운 면은 있지만, 가능한 한 사람을 경력으로 뽑지 않겠다는 마에자와의 의향이 실천되고 있었다. **그렇지만 채용 기준이 딱 한 가지 있었다. 그것은 '좋은 사람'이어야 한다는 것.** 실제로 그 기준만으로 채용을 계속했고 회사는 성공 가도를 달렸다.

그렇다면 이 경우가 '사람을 고르지 않는 회사'의 성공 사례인 것일까? 그렇지 않다. 오히려 반대다. 사실 이 경우 매우 본질적이고 효과적으로 사람을 고른 사례다. 실상을 밝히자면 좋은 사람이라는, 최소한이며 언뜻 보면 사람을 무시하는 듯한 채용 기준이 실은 정교하고 절묘하게 인재 선별의 본질을 꿰고 있었던 것이다.

구체적으로 설명해 보겠다. 우선은 패션을 좋아하는 사람을 매혹시키는 사업이라는 시점에서 일종의 컬처 핏, 즉 같은 가치관을 지닌 모집단을 모으기가 수월했다. 면접을 실시하기 전에 적합성이라는 관점에 일정한 필터가 설치된 것이다(그러므로 그 점은 신경 쓰지 않아도 된다). 이 채용 기준은 그러한 전제하에 시작되었다.

우선 '좋은 사람'이라는 개념을 살펴보자. 이는 싱글싱글 웃고 있다거나 느낌이 좋다, 재미있다, 또는 노력파라든가 거짓말을 하지 않는다는 식으로 데이터로는 잘 드러나지 않는 요소들이다. 개념적으로 단순하면서도 판단의 근거로 삼을 실마리가 의외로 다양하고 풍부하다. 정말이지 공들여 디자인된 콘셉트다.

'좋은 사람'인지 아닌지를 알아내기 어렵기 때문에 학력이나 경력은 그다지 신경 쓰이지 않을 것이다. 이는 사실 이 책의 제2장에서 언급한 인물의 심층 단계, 즉 사람의 잠재력 간파를 촉구하기 위한 기점이기도 하다. 결과론으로 들릴지도 모르고, 실제로 그럴지도 모르지만 나는 마에자와가 분명 이 점을 노렸던 것이라고 짐작한다. 다시 말해 이 사례는 **'사람을 고르지 않기'**를 진심으로 추구한 회사가 실은 굉장히 본질적인 인선 방법을 취하고 있던 것이라는 점에서 매우 흥미롭다.

사람을 선별할 때 우리는 무심코 복잡하게 생각하는 경향이 있다. 귀찮아 외면하고 싶을 때도 많다. 하지만 조조처럼 때로는 어린아이 같을 정도로 유치한 시각으로 초점을 맞추는 것이 인재 선별의 본질을 꿰뚫어보는 데 효과적일 수 있다.

일단 뽑아놓고 가르치려 한다

대졸자 일괄 채용 형식을 취하지 않고 2~3년 경력이 있는 젊은 사원을, 돈과 시간을 들여 철저히 찾아내 선발하기로 유명했던 경영자도 있다. 이름은 밝히지 않겠지만 그 경영자는 내게 이렇게 말했다. "제대로 된 재목을 찾아내면 그 다음에는 내버려둬도 알아서 성장합니다. 그렇게 하는 것이 가성비가 좋거든요."

일본 기업은 전통적으로 인재 육성에 많은 시간과 수고를 들여왔다. 이 사장처럼 내버려둬도 성장하는 사람을 좀처럼 찾아낼 수 없기 때문에 끈질기게 키워낼 수밖에 없는 것이다. 이에 인재 개발원이나 연수 업체들의 존재 의의가 있었다. 예전에는 이 '육성 지상주의'가 기업에서 통용되었다. 막대한 시간과 수고를 들여 인재를 육성하더라도 종신고용으로 끝까지 돈을 벌어준다면 본전을 찾을 수 있었던 것이다. 하지만 오늘날에는 더 이상 통용되지 않는 이론이다.

종신고용 시스템이 붕괴된 까닭도 있지만 기술의 진화와 트렌드의 변화가 너무 빨라서 지식이 몸에 익을 즈음이면 이미 시대에 뒤처질 수 있기 때문이다. 따라서 육성보다는 그때마다 필요한 인재를 적확하게 골라 채용하는 편이 훨씬 더 합리적이다. 또는 앞에서 말한 경영자처럼 아무런 지도를 받지 않고도 스스로 배워 성장하는 인재를 잘 선별해서 채용하는 것이 효율적이다.

인재 육성을 포기하라고 말하는 것이 아니다. 육성할 상대를 확실하게 선택해야 한다는 뜻이다. 우선 채용한 뒤에 가르쳐 어떻게든 잠재력을 끌어올리겠다는 안일한 방식으로는 무형 가치가 주도하는 오늘날의 글로벌 사회를 살아갈 수 없다. 실제로 실리콘밸리의 기업군에서는 입사 후의 연수도 중요하게 여기지만 애초에 리더의 인재를 선발하는 능력 강화에 막대한 자금을 투자하고 있다. 그러한 현실로 눈을 돌려야 하며 '사람을 고르다니 주제 넘는다.' 또는 '못 고르겠다.'라면서 인재를 고르는 일에 소홀해서는 안 된다.

아무런 준비도 없이 면접관이 되다

어떤가. 여기까지 읽은 독자들은 인선의 중요성을 재확인했을 것이다. 하지만 시중에는 사람을 고르는 일, 사람을 보는 안목에 대한 과학적인, 게다가 일종의 구조를 갖추어 다면적으로 쓰인 해설서가 거의 없다. 인재 선별에 대한 취급 설명서 없이 다시 말해 '지식이 텅 빈 상태'인데도 되는 대로 사회생활을 시작한다. 마침내는 "잠깐 면접 좀 봐!" 하고 불려가 아무런 준비도 없이 갑작스럽게 면접관으로 데뷔하는 것이다. 그러니 "지원 동기는 뭔가요?" 하는 식의 질문을 던지면서 그동안 눈동냥으로 보고 배운 대로 따라 한다.

골프에 비유하자면 전혀 경험이 없고 심지어 골프채조차 쥐어본 적이 없는데 "괜찮아. 구멍에 넣기만 하면 되는 게임인데 뭘." 하고 엉성한 설명만 듣고 갑자기 골프 코스에 서게 된 상황이나 마찬가지다. 어쨌든 자기 하고 싶은 대로 골프채를 휘두르고 혼자 뛰어다니는 모습과 다를 바 없다.

물론 골프라면 연습을 하거나 다른 사람과 함께 필드를 돌면서 배울 수도 있지만 면접은 그럴 수가 없다. 면접의 달인이라고 불리는 사람 중에도 실은 극히 자기만의 방식으로 임하는 사람이 상당히 많다. **자기 식으로 일한다는 것은 피드백이 없다는 뜻**

이다. 피드백이 없는 곳에 성장은 없다. 그래도 괜찮은 걸까. 아무 생각도 하지 않고 타성에 젖어 100번 스윙 연습을 하기보다는 깊이 생각하고 집중한 상태에서 10번 스윙 연습을 하는 것이 더 낫다.

기자나 작가 등 글을 쓰는 직업의 경우, 편집자나 선배 기자가 빨간색으로 표시한 교정 원고를 받아들게 된다. 자신감을 가지고 쓴 글이 부정당하는 건 싫지만 그 사실을 받아들이고 개선해 나가면 확실히 문장력이 향상된다. 하지만 면접에는 대개 피드백이 없다. "그런 질문 방식은 좋지 않아." "그럴 때는 좀 더 파고들어서 물어보는 게 좋아." 또는 "이렇게 설명해야 상대가 이해하기 쉽거든." 이런 식으로 면접의 효과를 높이기 위해 시행착오를 거듭하고 있는 모습을 본 적이 별로 없다.

하지만 지금까지 이야기한 대로 인재 채용은 점점 더 회사의 운명을 좌지우지할 것이다. 그 중요한 일을 리더 한 사람의 극히 개인적인 감각(인간이므로 외모 등에도 영향을 받을 것이다.)에 맡겨도 될 것인가. 이는 마치 한 사람 한 사람이 각자 다른 기준의 잣대를 사용해 집을 짓는 것이나 다름없다. 그런 집에서는 안심하고 오래 살 수 없는 법이다. 사태는 생각 이상으로 심각하다.

무의식적 행동까지 눈여겨보라

인간은 스스로 본인을 보지 못하는 영역이 수두룩하다. 그 영역에는 풍부한 배경이 있고 감춰진 패턴이 있으며, 그 이면에도 본인도 미처 깨닫지 못한 자기 방어 메커니즘이 있다.

이그제큐티브 서치펌(기업의 의뢰를 받아 사장과 같은 임원, 높은 지식과 기술을 지닌 고급 인재를 외부로부터 헤드헌팅하는 회사 – 역주)에서 일하는 헤드헌터들은 그런 부분까지 간파하기를 요구받는다. 어떤 의미에서는 왓슨 박사의 겉모습만 한 번 보고도 전쟁에서 퇴역한 상이용사라는 것을 간파하는, 셜록 홈즈 같은 관찰력과 추리력을 지녔다고 하면 과장일까.

가령 사회에는 반골 기질을 지닌 사람이 있다. "위에서 하란다고 내가 네네 하고 움직일 줄 알고?"하며 씩씩거린다. 이들은 권력 앞에 굴복하지 않으며 우두머리로서의 기질도 갖추고 직원들로부터 인망도 얻고 있다. 평사원의 채용 같은 경우 "이 사람은 그런 유형입니다." 하는 말로 끝날지 모르지만, 승계계획 등 중요한 국면을 앞두고는 그가 왜 그런 행동을 취하는지, 감춰진 동기는 어디에 있는지를 파헤쳐 보아야 한다. 가령 깊이 파헤친 결과, 반골 기질 뒤에는 사실 그가 통제광이고 모든 것을 완벽하게 장악해야만 성에 찬다는 메커니즘을 발견할 수도 있다. 아이러니하게도 이러한 사람이야말로 한번 자신이 권력자가 되면 그 자리에 집착하는 모습을 보인다.

인간은 복잡하기 때문에 한 가지 발견한 점만을 근거로 전체의 메커니즘으로 비약해 판정해서는 안 된다. 다만 그 하나의 데이터는 무언가 가설로 연결된다. 다른 데이터로 그 가설의 신빙성이 보완되면 어느 정도 확실하게 그 사람의 사고 메커니즘과 행동 성향이 떠올라 재현되는 사상만 읽을 수 있다. 예를 들어 최종적으로 '이 사람은 만약 사장이 될 경우, 성급히 강권을 휘두르고 주변 사람들을 멀리할 가능성이 리스크로 존재한다.'까지 연결되는 것이다. 이곤젠더는 이렇게까지 리포트에 적어 보고한다. 전문가는 본인조차 깨닫지 못하는 미래의 함정까지 간파하려고 애쓰고 있다.

어떤가. 상당히 깊이 있고 흥미로운 세계라는 생각이 들지 않나. 물론 보통 사람은 그렇게까지 할 필요가 없다. 앞에서도 말했지만 누구나 F1 경주용 차를 몰고 다니는 건 아니다. 승용차가 있다면 굳이 혹독한 훈련을 받지 않아도 누구나 운전을 하며 드라이브를 마음껏 즐길 수 있다. 다만 이제 사람 보는 눈을 애매한 주제로 인식하는 데서 벗어나 거기에는 과학적인 분석과 추정 방법이 있다는 사실, 그리고 올바른 지식과 방법론을 습득한다면 그 능력을 향상시킬 수 있다는 사실을 이해했을 것이다. 그 앞에는 분명 행복한 인생이 기다리고 있다.

종장

리더로서 알게 될
궁극의 기쁨

개인의 잠재력을 엿볼 기회

지금까지 인재를 알아볼 안목 있는 리더가 되기 위한 방법론을 소개했다. 그것들은 누구에게나 힘들고 때로는 우울해지는 여정이다. 그렇게 노력해도 대체 누가 보고 있기는 한 건지, 자신에 대한 평가는 달라질 것인지, 향상되고 있다는 실감이 난다면 몰라도 과연 제대로 애쓰고 있는지 몰라 막다른 길에서 헤매는 일도 종종 있을 것이다. 그리고 안목 있는 리더라는 목표를 달성한다고 해서 궁극적으로 무엇이 달라질까 의구심이 생길 수도 있다. 때문에 사람을 보는 안목을 길러야 하는 동기 문제에 관해 이야기하면서 이 책을 마무리하고자 한다.

결론부터 이야기하면 사람 볼 줄 아는 리더가 되어 얻을 수 있는 최대의 결실은 영혼에 접할 수 있다는 것이다. 그게 바로 궁극의 기쁨이다. 영혼이란 자신의 것이기도 하고 타인의 것이기도 하다. 어느 쪽이든지 간에 보통 때의 인터뷰나 면접에서는 이르지 못하는 경지다.

내가 소개하는 방법론은 "지원 동기는 무엇인가요?" 하는 면접밖에 경험하지 못한 사람들이 보기엔 '그렇게까지 질문해도 괜찮은 거야?' 하고 무의식중에 머뭇거리게 될지도 모른다. 실제로 회사의 면접에서 실천하려면 일부 위험이 따르기도 한다. 개인 정보의 누설이나 사생활 침해 등 요즘은 개인 정보에 민감하기 때문이다. 확실히 어릴 때의 취미를 묻는 정도라면 괜찮을지 모른다. 그래도 이야기가 깊어져 '실은 아버지하고 심하게 대립하고는 집을 나왔던 시기가 있었다.' 같은 민감한 대화로 발전했다면 서둘러 그 이야기를 끝내야 할까? 그렇지 않다. **다양한 사연으로 구성원 개개인의 에피소드를 듣는 일이야말로 상대의 인간적인 매력을 깊이 이해할 수 있는 좋은 기회다.** 호랑이 굴에 들어가지 않고서는 호랑이를 잡을 수 없다. 다시 말해 위험을 무릅쓰지 않고서는 성공을 거머쥘 수 없는 법이다. 용기를 가지고 뛰어들지 않으면 상대의 영혼에 다가갈 수 없다.

우수한 인재를 끌어당기는 힘

사적인 대화가 오가는 면접 세계의 문을 열기 위해 명심해야 할 중요한 사항이 있다. '기브 앤 테이크give and take'다. 비즈니스의 기본은 **무언가를 얻고 싶으면 우선 내주는 것**이다. 자신의 내면에 있는 부끄러운 이야기, 사적이고 괴로운 기억을 자신이 먼저 털어놓음으로써 대화를 새로운 차원으로 이끄는 출발점에 서야 한다.

가령 당신은 상대가 경험한 인생에서 가장 괴로웠던 일을 알고 싶다. 그렇다고 느닷없이 "가장 괴로웠던 일은 무엇인가요?" 하고 직설적으로 물어본다면 상대는 좀처럼 마음을 열고 핵심을 드러내지 않을 것이다. 무엇보다도 질문하는 말투가 너무 가볍다. 마치 "어제 저녁은 뭘 드셨어요?" 하고 묻는 것만큼 가볍다.

로버트 케건 교수는 저서 《변화면역》에서 인간의 마음에 관한 면역 반응을 이야기했다. 인간의 마음에는 어떤 기억을 끄집어내는 강한 자극을 무의식적으로 차단하는 자연 작용이 있다고 한다. 정말로 괴로웠던 기억을 꺼내면 그 괴로운 기억이 재현되면서 마음이 아파지므로 쉽사리 떠오르지 않도록 설정되어 있고 이를 뒤집어 말하면 가볍게 꺼낼 수 있는 이야기는 그 사람에게 심히 괴로운 일이 아니라는 것이다.

그럴 때 나라면 이렇게 물을 것이다. "괴로웠던 시기는 어떻게 극복했는지요? 그 이야기를 듣고 싶습니다만…" 하고 운을 떼고 나서 이런 식으로 자기 피력의 말을 이어간다.

"이건 제 경우입니다만, 전 회사에서 일하던 마지막 무렵에 굉장히 괴로웠어요. 신규 사업을 맡아서 했는데 달성하지 못한 일도 많고 결국은 회사의 방침으로 사업을 철수하게 되었거든요. 게다가 함께 고생하던 동료를 해고해야 하는 상황이 벌어졌죠. 개중에는 울기 시작한 사람도 있고 정말이지 괴롭더군요."

"그런 식으로 사업을 하다 보면 힘든 일이 있지 않습니까?"

"당신의 경우는 어땠나요?"

면접관이 속내를 털어놓고 자신을 내보이면 '이런 얘기까지 해주는데 그럼 나도 말할까?' 하는 생각이 들기 마련이다. 동시에 자신을 그런 형태로 내보임으로써 자신의 인품이나 개성을 상대에게 전하게 된다. 사람과 사람의 신뢰 관계가 한 단계 더 깊어지는 것이다.

따라서 상대의 깊숙한 곳으로 들어가고 싶다면, 조금 돌아간다고 생각할지도 모르지만 자신의 진솔한 속이야기를 털어놓으면서 서로의 마음에 드리워져 있던 주름을 하나씩 넘기며 감동을 일으키는 것이 관건이다. 면접 과정에서 이 단계에까지 이르면 상대도 당신과 함께 일하고 싶다는 감정을 내비칠 것이다. 이런 과정은 결과적으로 우수한 인재를 끌어당기게 된다. 이것이 바로 자기 피력의 힘이다.

진심이 통하는 만남

사람을 보는 일에는 궁극의 기쁨이 있다고 앞서 말했다. 과장으로 들릴지 모르지만 안목 있는 리더가 되면 문득, **대면하는 상대의 영혼과 자신의 영혼이 완전히 동시에 움직이는 순간**이 찾아올 때가 있다. 인터뷰어와 인터뷰이, 면접관과 후보자의 관계를 넘어 서로의 깊은 부분을 서로 나눈 사람끼리, 인생의 동행자가 된 듯한 느낌이다. 짜릿한 싱크로 감각이라고 할 수 있으며 조금 과장해서 말하면 '혼의 일체감'이다.

　실제로는 한 시간 정도의 단발적인 면담을 거치면서 이 정도까지의 관계로 발전하기는 어렵다. 몇 번이나 면담, 또는 회식 자리를 통해 가까스로 영혼이 서로 통하는 듯한 순간이 찾아올까 말까 할 정도의 일이다. 때로는 아주 드물긴 하지만 한 번의 만남으로 혼의 단계까지 서로 통하는 경우도 있다.

아직도 잊을 수 없는 감사 편지를 소개하겠다. 이는 내가 조조에서 일하던 때, 미국 지사의 인원을 확충하기 위해 마케팅직 인재를 채용하려고 면접을 실시한 후보자 중 한 명에게서 받은 것이다. 30대 초반의 히스패닉계 미국인이었는데 한 시간 정도의 화상 회의로 딱 한 번 면접을 실시했다. 그리고 며칠 후 사무실로 손편지가 도착했다.

이러한 손편지는 '땡큐 레터Thank you Letter'라고 해서 미국에서는 면접 후에 '감사했습니다.' 하는 의미로 보내는 경우가 있다. 회식 후에 보내는 감사 메일 같은 것으로 이 자체는 그다지 드물지 않았다. 통상적으로는 '저를 고용해 주십시오.' 하는 어필 목적이고 어떤 의미에서는 비즈니스 방편으로 간주된다(대부분 전자 메일로 보낸다). 하지만 이 후보자는 정성들인 손편지를 보내왔다. 게다가 감정이 담긴 메시지를 적어서. 내 나름대로 의역해 적어보면 다음과 같다.

저는 당신의 비전과 조조 브랜드에 관한 사고관이 무척 마음에 들었습니다. 그리고 이번 기회를 제안받아 근사한 직책에 관해 설명을 들었던 일을 매우 자랑스럽게 여기고 있습니다.

특히 당신의 질문, 구체적으로는 저 자신의 개인적인 생활에 관한 질문을 받고 무척 마음이 흔들렸습니다. 저는 지금까지 일하면서 이런 유의 질문을 받은 적이 한 번도 없었거든요.

당신은 제게 '저 자신'에 관해 물어보셨지요. 지금까지 그런 질문을, 과연 나는 내 자신에게 던져왔던가, 솔직히 말하면 그러지 못했습니다. 그런데 당신의 질문은 저의 '사색하는 힘'을 무척 자극했습니다. 저는 당신과 나눈 대화 자체가 무척 즐거웠습니다. 정말 감사합니다.

앞으로 우리가 가는 길이 교차하기를 진심으로 바랍니다.

의심스러운 눈초리로 보는 분은 어쩌면 교묘하게 자신을 어필하려는 의도가 아니냐고 지적할지도 모른다. 하지만 나는 이 분이 마음속 생각을 솔직하게 썼다는 것을 의심하지 않는다. 이 면접 현장에서 상대가 퍼뜩 깨달았다는 듯한 반응을 보이던 모습이 지금도 뚜렷하게 떠오르는 데다, 그때의 싱크로 감각이 내 기억에도 뚜렷하게 남아 있기 때문이다.

후일담이지만 이 분과 우리 조직은 타이밍과 조직 균형 문제가 있어서 결과적으로 입사를 제안하지는 못했다. 하지만 이 분은 그때의 면접을, 자기 자신을 사색하는 계기가 되었다고 하였으며 나 또한 멋진 분을 만났다는 심리적 보수를 얻었다.

인생은 소소한 일과 추억이 거듭되어 이루어지기 마련이다.

내 인생도 조금은 이 분 덕분에 행복해졌다. 이렇듯 혼과 혼이 서로 영향을 받아 어우러지는 만남이 이 세계에 더욱 널리 퍼진다면 틀림없이 세상은 한층 더 살기 좋은 곳이 될 것이라고 믿는다.

사람을 믿을 수 있는 세상

사람을 보는 일에는 어떤 좋은 점이 있을까. 개인 차원의 보수로서 영혼의 교류와도 같은 감동을 느낄 수 있다고 강조해왔다. 더욱이 이 능력이 한층 더 확산되면 사회 차원에서도 보수를 받을 수 있을 것이다.

사람 보는 안목이 조직과 사회에 가져다주는 이점

어쩌면 여기까지 읽고 사람을 보는 행위를 사람을 품평한다고 느끼며 차가운 인상을 받은 독자도 있을 것이다. 그런 분은 "일단 상대를 믿어야 하는 거 아냐?"라고 말할지도 모른다. 물론 아이를 양육할 때는 그래도 좋을지 모르겠다. 하지만 성인이 되어 조직에서 일하고 사회에서 성과를 내야 하는 경우는 그렇지가 않다. 상대를 제대로 파악하지 못한 채 무작정 믿으라고? 그거야말로 기망이 아닐까. 그랬다가 완전히 실패한다면 그 결과에 대한 책임은 누가 질 것인가. 자신에게도 조직에도 크나큰 손실이 아닐 수 없다. 되풀이해 말하지만 사람을 보는 목적은 결점을 찾아내 비난하거나 배제하려는 데 있지 않다. **상대의 능력과 잠재력을 냉정하게 꿰뚫어보고 그에 맞는 기대치를 예상해, 맡길 업무를 디자인하는 데 진정한 의미가 있다.**

약간 개념적인 이야기를 예로 들자면, 상대의 어떤 잠재력 요소가 2 정도라는 것을 알면 3 이상의 능력이 요구되는 역할을 기대하고 무리하게 압박하는 일이 없어진다. 다른 요소가 4 있다면 그 장점을 활용하면 된다. 2 정도인 요소 탓에 일부에 지장이 생긴다고 해도 그것이 최대치인 것을 알기에 "정말 최선을 다해주었어!" 하고 순순히 감사의 마음을 전할 수 있다. 실망하거나 짜증이 나고 화를 낼 일도 사라진다. 이렇게 해서 조직도 사회도 평화를 맞이할 것이다.

팀 내 효율이 높아진다

이 사람은 레벨 5, 이 사람은 레벨 8, 이런 식으로 능력을 구분하는 일은 어떤 의미에서는 인간에게 우열을 매기는 일이다. 당연히 좋은 인상을 주지 못한다. 하지만 '모두 비슷해서 전원이 1등상'이라는 발상이 오히려 더 직장 내에서 불편한 분위기를 증가시킬 뿐이다. 당연한 이야기지만 사람은 개개인마다 훌륭한 점이 있고 존경할 만하다. 하지만 잠재력도 성장 가능성도 제각각 다르다. 현재 시점의 능력에도 들쭉날쭉 차이가 있어 모두가 노력한다고 다 능력치가 올라가지는 않는다.

결국 사람을 관리하여 팀으로서의 결과를 낸다는 것은 그렇게 각기 다른 사람들의 동기를 불러일으켜 하나의 목표를 향해서 나아가게 하는 일이다. 그런 계획을 달성하기 위한 비결은 관리하는 측이 다음과 같은 흐름으로 한 사람 한 사람에 대한 접근법을 변경해 설정하는 것이다.

① 직원 개개인의 잠재력을 확인한다.
② 어떤 능력을 끌어올릴지에 관해 설계한다.
③ 딱 적합한 업무를 맡긴다(약간 버거운 정도가 좋다).

이렇듯 사람은 보는 능력이 생겨 잠재력을 요소마다 꿰뚫어볼 수 있으면 조직 관리도 훨씬 효율성이 높아진다. 사람을 볼 줄 아니까 자신 있게 일을 맡길 수 있다. 당치 않은 기대도 하지 않게 되므로 실망하거나 화낼 일도 없어져 직장도 평화로워진다. 이렇게 해서 사회는 더욱더 사람을 신뢰할 수 있게 된다.

당신에게는 평온함이 남는다

이제껏 사람 보는 일의 강력한 힘에 관해 상세하게 설명하고 그 중요성을 강조했다. 마지막으로 이 말만큼은 꼭 덧붙이고 싶다. 이 기술은 반드시 좋은 일에 사용해야 하며, 다크 사이드에 빠져 그 힘을 휘둘러서는 안 된다는 점이다.

아무리 깊이 연구했다고 해도 상대를 100퍼센트 다 알 수는 없다. 그래도 '더 위로!' 하고 항상 뜻을 높게 향하고 '정말로 이걸로 괜찮은 걸까?' '놓친 건 없을까?' 하고 끊임없이 자문자답해야 한다. 힘들기는 하지만 그것이 사람 보는 능력을 익힌 사람의 책무이다.

테레사 수녀가 이러한 말을 남겼다.

If you judge people, you have no time to love them.
다른 사람을 평가한다면 그들을 사랑할 시간이 없다.

국내에서는 위와 같이 통용되지만 나는 이 문장에서 약간 다른 의미를 감지했다. 특히 'judge(평가)'라는 단어가 가슴에 와닿았다. '이러한 사람이다.'라고 단정 짓고 '분석 완료!' 하고 닫아 버리는 이미지를 내포한 단어다.

하지만 계속 되풀이했듯이 **타인을 완벽하게 평가할 수는 없다.** 아무리 꼼꼼하게 간파했다고 생각해도 잘못 파악하거나 놓친 부분이 있기 마련이며 편향을 완전히 없애기는 불가능하다. 게다가 그 사람 자신이 시간의 흐름과 함께 변화하고 성장하기도 한다. **사람은 평등하지 않을뿐더러 일정하지도 않다.** 그러한 사실을 직시하지 않고 '그럼 이걸로 됐어. 이 사람은 늘 이런 사람' 하고 단정 짓는 것은 오만한 사고다. 아무리 경험을 많이 쌓아 달인 수준에 이르렀다고 생각되더라도 항상 자신의 부족함을 자각할 줄 알아야 한다.

따라서 테레사 수녀의 말을 나는 이렇게 의역해 보았다.

사람을 단정 짓는 것은 사람을 사랑하는 일에서 가장 먼 행위다.

그래서 우리들은 사람을 자신의 잣대로 단정 짓지 말고, 다 안다고 섣불리 자신하지 말고, 호기심의 문을 닫지 말고, 어디까지나 앞에 마주한 사람을 계속 지켜봐야 한다. 그래야 그 사람을 '사랑'할 수 있다.

테레사 수녀처럼 무조건적으로 모든 것을 받아들일 정도로 마음이 넓지 못한 우리는 적어도 겸허한 마음으로 진지하게 사람을 줄곧 지켜보면서 살아가야 한다. 이것이야말로 우리 한 사람 한 사람이 이 능력을 좋은 일에 활용하기 위한 중요한 마음가짐이다. 계속 달려라. 그리고 계속 사랑하라. 사람을 보는 선한 능력이 사회에 가득히 퍼져나갈 것이다. 그 미래에는 희망만이 기다리고 있다.

객관적으로 되돌아보면, 별로 잘난 것도 없는 남자가 뭔가를 전하고 싶은 마음에 책을 쓰게 될 줄은 바로 얼마 전까지만 해도 상상조차 하지 못했다. 결코 내게 재능 같은 건 없다. 만약 뭔가가 있다면 그것은 무수한 콤플렉스와 그래도 기 죽지 않는 근거 없는 자신감뿐이다. 나는 40여 년 전 기후 현과 맞닿아 있는 아이치 현의 촌구석, 당시 산을 깎아 조성된 신축 단지에서 자랐는데 초등학생 때는 매일같이 아담한 주택의 지붕 위로 올라가 멍하니 생각에 잠겨 있었다. '어떻게 하면 여기서 나갈 수 있을까?' 하고.

생각해보면 파란만장한 반생이었다. 하지만 내가 희망한 대로 걸어온 길이었다고 말할 수 있다. 모험을 하고 싶었던 것이다. 결과적으로 사회인이 되고 나서 갖게 된 명함을 지금까지 정확하게 세어 보면 11개사를 거쳐 왔으니 11장이다. 전부 이직은 아니었지만 내가 생각해도 참으로 여러 갈래의 길을 치열하게 걸어왔다. 30대 때는 특히 힘들었다.

할아버지 대부터 자동차 관련 일을 하던 집안에서 태어났기에 어릴 때부터 차를 무척 좋아했다. 처음에는 도요타에서 영업직으로 일하던 아버지의 체면을 세워주려고 투박한 왜건을 샀다. 그후 창업한 회사가 (곧 망할 것 같았지만) 겨우 팔려서 염원하던 빨간색 포르쉐911을 살 수 있었다.

하지만 오히려 나는 크나큰 좌절감과 앞서 나가고 있는 지인들을 쫓아가고 싶다는 초조함밖에 없었다. 그래도 라쿠텐 그룹의 창업자 미키타니가 손을 내밀어준 덕분에 비셀 고베에서 멋진 일을 맡아 할 수 있었다. 하지만 미숙하고 혈기가 왕성했던 나는 결국 미키타니와 의견 충돌이 벌어져 그만두고 말았다. 그 다음으로 승부를 건 벤처 회사에서는 성과를 제대로 내지 못해서 급여가 신입 초봉 수준으로 떨어졌고 자동차는 피아트 그랜드 푼토(귀여운 모델이었지만)로 격하되었다. 차종의 등급이 뚝 떨어지자 나 자신에게 정말로 실망스러웠고 기가 꺾였다.

드디어 태어난 아이의 잠든 얼굴을 매일 바라보면서 '어떻게든 이 아이를 잘 키워야 할 텐데.' 하고 서서히 생각이 바뀌어갔다. 꿈이니 보람이니, 게다가 누구에게 지고 싶지 않다느니, 대단하다고 칭송받고 싶다느니… 이런 하찮은 바람과 자존심을 전부 던져버리고 어쨌든 '내가 돈을 가장 잘 벌 수 있는 일은 뭘까?'

'이 아이를 위해서 생애임금(표준적 근로자가 전 생애 동안 받는 총임금 수입 – 역주)을 높일 방법이 없을까?' 하고 깊이 생각하고 또 생각했다. 그때 만난 직업이, 이 책의 주제로 이어지는 이곤젠더에서의 헤드헌터였다.

어쩌면 인생은 머리가 아니라 본능이 이끄는 대로 움직일 때, 의도한 바와 다른 드라마 같은 전개가 펼쳐지는 모양이다. 보람이라든가 꿈이라든가, 뜬구름처럼 막연히 좇던 환상을 과감히 버리고 눈에 돈이 떠다닐 정도로 집중하다 보니 자연히 내가 잘하는 일을 찾아낼 수 있었다.

보람을 버렸더니 보람이 생겼다.
꿈을 버렸더니 꿈을 갖게 되었다.

결국은 사람이 제아무리 힘껏 주먹을 날린들 그리 큰 힘을 내지 못하는 것이다. 정말로 강한 펀치는 힘을 뺐을 때 나온다. 힘을 뺄 수 있었기에 비로소 사람 보는 안목을 내 것으로 익힐 수 있었다. 이 능력이야말로 인생의 모험이 이끌어 가져다준 보물이라고 확신한다.

여러분에게 감히 이렇게 말하고 싶다. "벽에 부딪힐 때까지 힘을 다해 달립시다. 만약 벽에 부딪혔다면 그에 감사합시다. 충분히 노력한 겁니다. 이제부터는 힘을 빼고 가봅시다. 긴장을 풀고 느슨하게 해보자고요. 분명히 좋은 일이 생길 겁니다."

2022년 가을

오노 다케히코

THE ART OF

SELECTING

PEOPLE

옮긴이 김윤경 ─────

일본어 번역가. 다른 언어로 표현된 저자의 메시지를 우리말로 옮기는 일의 무게와 희열을 느끼며 오늘도 더 좋은 번역을 위해 한 단어, 한 문장을 고르고 있다. 옮긴 책으로는 《철학은 어떻게 삶의 무기가 되는가》《비즈니스의 미래》《뉴타입의 시대》《왜 리더인가》《왜 일하는가》《어떻게 살아야 하는가》《불안의 철학》《화내는 용기》《니체의 마지막 선물》《도쿄대 암기법》《오늘 밤, 세계에서 이 눈물이 사라진다 해도》《어느 날, 내 죽음에 네가 들어왔다》《말하고 싶은 비밀》 등 90여 권이 있다. 출판번역 에이전시 글로하나를 꾸려 다양한 언어의 도서 번역 및 리뷰 중개 업무도 함께하고 있다.

리더의 안목

초판 1쇄 인쇄 2024년 6월 18일
초판 1쇄 발행 2024년 7월 1일

지은이 오노 다케히코
옮긴이 김윤경
펴낸이 유정연

이사 김귀분
책임편집 서옥수 **기획편집** 신성식 조현주 유리슬아 황서연 정유진 **디자인** 안수진 기경란
마케팅 반지영 박중혁 하유정 **제작** 임정호 **경영지원** 박소영

펴낸곳 흐름출판(주) **출판등록** 제313-2003-199호(2003년 5월 28일)
주소 서울시 마포구 월드컵북로5길 48-9(서교동)
전화 (02)325-4944 **팩스** (02)325-4945 **이메일** book@hbooks.co.kr
홈페이지 http://www.hbooks.co.kr **블로그** blog.naver.com/nextwave7
출력·인쇄·제본 삼광프린팅(주) **용지** 월드페이퍼(주) **후가공** (주)이지앤비(특허 제10-1081185호)

ISBN 978-89-6596-634-0 03320